# Senfsorten aus der Senfmühle Kleinhettstedt
## Beschreibung des Einsatzes in der Küche

### Küchensenf

*Unter Verwendung einer Altrezeptur hergestellt und zu fast allen Speisen passend.*

### Knoblauchsenf

*Verfeinert Lammfleisch, Hammelbraten, aber auch Schweinefleisch.*

### Jägersenf

*Für nahezu alle Wildgerichte geeignet, insbesondere zur Verfeinerung der Saucen.*

### Süsser Senf

*Ideal zur Weißwurst und für pikante Saucen.*

### Biersenf

*Zu empfehlen für Fischsalate, Räucherfisch und gekochte Eierspeisen.*

### Kräutersenf

*Vorzugsweise bei pikantem Schweinebraten, Kalbfleisch, Rindergulasch, Salatsaucen.*

### Meerrettichsenf

*Schmeckt besonders gut zu Schweinefleisch (speziell Bierfleisch).*

### Weinsenf

*Universell einsetzbar, insbesondere zur Saucenverfeinerung.*

### Pfeffersenf

*Sehr schmackhaft zu Rouladen, Brätel, Grillfleisch.*

### Zwiebelsenf

*Passt besonders gut zu Schweinefleisch, Schmorbraten vom Rind, und Schwein.*

### Orangensenf

*Gern genommen für Geflügel wie gebratene Ente oder Putenfleisch.*

### Honigsenf

*Für Salatmarinaden, pikante Saucen für alle Fleischarten und Fisch.*

# Die besten Stempel-Ideen

*Einfache Technik – tolle Effekte*

Stewart & Sally Walton

Fotografien von Graham Rae

DUMONT

Für Robin Bicknell
1947 – 1995

Die Deutsche Bibliothek – CIP-Einheitsaufnahme

Die besten Stempel-Ideen : einfache Technik – tolle Effekte / Stewart & Sally Walton. Fotografien von Graham Rae. [Aus dem Engl. von Petra Kessler]. – Köln : DuMont, 1996
Einheitssacht.: Stamp Style <dt.>
ISBN 3-7701-3754-X
NE: Walton, Stewart; Rae, Graham; Kessler, Petra [Übers.]; EST



Titel der englischen Originalausgabe: Stamp Style



*Herausgeberin: Joanna Lorenz*
*Redaktion der englischen Ausgabe: Lindsay Porter*
*Fotografien: Graham Rae*
*Gestaltung: Bobbie Colgate Stone*
*Stylistin: Diana Civil*

Aus dem Englischen von Petra Kessler

Redaktion der deutschen Ausgabe: Gaile & Partner, Wiesbaden
Satz der deutschen Ausgabe: Das DTP-Studio Moeres und Karg, Wiesbaden

ISBN 3-7701-3754-X
Printed and bound in Hong Kong

Die Autoren möchten Sacha Cohen, Sarah Pullin und Nigel Goldsmith für ihre Energie und ihre Begeisterung im Studio danken.

# INHALT

# Einleitung

Das Stempeln ist eine der am schnellsten anwendbaren und vielseitigsten Dekorationstechniken, die es gibt. Stempel-Designs können benutzt werden, um eine große Wand oder auch nur einen kleinen Bogen Geschenkpapier lebhafter zu machen. Alles, was man braucht, um anfangen zu können, sind ein Stempel, ein Pinsel oder eine Druckwalze, Farbe oder Stempelkissen. Die Anwendung ist unkompliziert. Man kann der Phantasie freien Lauf lassen und in kürzester Zeit schön gemusterte Wände und Stoffe gestalten.

Sehen wir uns zunächst einmal den traditionellen Gummistempel aus dem Büro näher an. Er besteht aus einer Gummistanze (dem eigentlichen Druckmotiv), die auf einer dünnen Schaumschicht auf einem hölzernen Rücken mit Griff befestigt ist. Das Gummi nimmt die Tinte von einem Stempelkissen auf und entläßt sie durch leichten Druck auf das Papier. Die Schaumschicht wirkt dabei als Stoßdämpfer. Gummistempel wie diese halten mehrere Jahre.

Unsere Stempel, die wir zur Dekoration des Heimes benutzen, müssen zwar einige der oben genannten Eigenschaften haben, doch nicht alle sind zwingend notwendig. Wer will schon einen Dekorationsstempel immer wieder gebrauchen. Wir benutzen deshalb einen Schaumstoffschwamm mittlerer oder hoher Dichte für Vorhaben wie Wand- oder Möbeldekorationen. Unsere Stempel können aus fast jedem Material, das Farbe hält und wieder abgibt, angefertigt werden.

Das folgende Kapitel beschreibt einige Möglichkeiten der Stempel-Anfertigung und deren Gestaltung. Die Entwürfe und ihre einzelnen Arbeitsgänge werden Schritt für Schritt anhand von Fotos vorgestellt. Am Ende des Buches befinden sich Musterschablonen.

# STEMPEL-ANFERTIGUNG

## HOLZ- UND LINOLEUMSTEMPEL

Die ersten Stempeldrucke wurden mit geschnitzten Holzblöcken angefertigt. Indische Textilien werden heute immer noch von Hand auf diese Weise hergestellt.

Die Motive werden als Umrisse eingeschnitzt, und den Hintergrund sticht man aus. Die Muster bleiben als Oberfläche übrig. Die Tinte wird aufgetragen, indem man den Stempel in Farbe taucht oder sie auf seine Oberfläche rollt. Das aufgestempelte Motiv erscheint spiegelbildlich. Wer Druckblöcke aus Holz selbst anfertigen will, braucht spezielle Arbeitsgeräte, die rasiermesserscharf sind. Er sollte an einem furnierten Holzstück wie Sperrholz üben.

Linoleum-Blöcke erhält man gebrauchsfertig bei Zubehörläden für Kunsthandwerk. Linoleum ist ein aus Kork und Leinsamenöl hergestelltes Material, das eine verwobene Faser als rückwärtige Verstärkung hat. Es wird geschnitzt wie Holz, hat aber eine nachgiebigere Struktur und keine Maserung, so daß es einfacher zu bearbeiten ist.

Um einen Linoleum-Stempel anzufertigen, muß man die Zeichnung des Musters umdrehen, bevor man sie auf das Linoleum überträgt. Die Hintergrundflächen, mit einem Permanent-Marker ausgemalt, werden ausgestochen, und das eigentliche Druckmotiv wird als Oberfläche übriglassen. Man braucht mindestens drei Hilfsmittel – ein Skalpell, einen „V"-förmigen Geißfuß und ein Hohleisen. Alle Hilfsmittel sollten so scharf wie möglich sein. Linoleum läßt sich am leichtesten schnitzen, wenn es vorher ein wenig angewärmt wurde. Dazu legt man den Block für ungefähr zehn Minuten auf einen Heizkörper. Man hält den Block mit der freien Hand hinter der schnitzenden Hand, damit man sich nicht verletzt, wenn das Arbeitsgerät einmal abrutscht.

*Druckstöcke für Holzschnitte (oben) und Linoleum-Blöcke (unten).*

## STEMPEL AUS SCHAUMSTOFF

Der Schaumstoff kann hochdicht, mitteldicht wie ein Küchenschwamm und leichtdicht wie ein Badeschwamm sein. Die Dichte hängt vom Verwendungszweck ab. Alles in allem eignen sich mittel- oder leichtdichte Schaumstoffe für scharf hervortretende, massive Formen und hochdichter Schaumstoff für feinere Details. Wenn Polystyrol benutzt wird, muß er vorher auf eine Preßpappe geklebt werden. Ist der Leim getrocknet, kann das Polystyrol bis zur Pappe eingeschnitten werden, und der Hinter-

*Selbstgemachte Stempel, aus hoch- und mitteldichtem Schaumstoff geschnitten.*

grund wird weggehobelt, so daß das Motiv als eigentlicher Stempel übrigbleibt.

Für einen Schaumstoffstempel fertigt man zunächst eine Zeichnung des Musters an. Die Rückseite sprüht man mit Klebstoff ein und klebt das Muster auf den Schaum. Es wird mit einem scharfen Skalpell herausgearbeitet. Schneiden Sie den Schaumstoff entlang des Musters durch und entfernen Sie den Rest. Wenn Sie mittel- oder leichtdichten Schaumstoff verwenden, entfernen Sie den Überschuß nach dem ersten Einritzen des Musters und schneiden Sie dann den Schaumstoff ganz durch und aus. Bei hochdichtem Schaumstoff lassen sich feinere Details herausarbeiten. Er saugt nicht so stark auf und der Druck wird ebenmäßiger. Wenn man eine große Fläche bestempeln will, sollte der Schwamm auf einer Preßpappe befestigt werden. Auf die Rückseite klebt man mit Holzleim einen kleinen hölzernen Türknauf als Griff auf.

## Gummistempel

Der Vorteil von vorgefertigten Stempeln ist, daß sie sofort einsetzbar sind, um Stoffe, Möbel, selbst Wände zu gestalten. Es gibt keinen schnelleren Weg, Oberflächen mit Mustern zu verzieren. Gummistempel eignen sich jedoch eher für Projekte, die Feinarbeit erfordern.

Es gibt zwei Methoden, wie man Gummistempel anfertigen kann: Man läßt das auf Papier gebrachte Motiv von einem Gummistempel-Hersteller anfertigen. Diese kostspielige Vorgehensweise kommt vor allem dann in Betracht, wenn man den Stempel mehrmals und nicht nur für ein kleines, einmaliges Vorhaben benutzen will. Die zweite, wesentlich preiswertere Möglichkeit, besteht darin, das gewünschte Motiv in einen gewöhnlichen Radiergummi einzuschnitzen. Viele Radiergummis werden heute aus einer Plastikmasse anstatt aus eigentlichem Gummi hergestellt. Die Oberfläche ist glatt und daher leicht zu schneiden. Zwei Projekte in diesem Buch – das Teeservice und das illustrierte Briefpapier – zeigen, wie ein Muster übertragen, geschnitten und schließlich mit dem selbstgemachten Stempel aufgedruckt wird.

*Käufliche Gummistempel mit vielerlei Motiven.*

# STEMPEL-ANFERTIGUNG

## POLYSTYROL-BLUME AUS DER ZEIT JAKOBS I.

Polystyrol läßt sich leicht und sauber schneiden. Bevor man mit dem Ausschneiden des Musters beginnt, sollte man es auf eine Preßpappe kleben.

### MAN BRAUCHT

- *einen Bogen Polystyrol von ungefähr 1cm Dicke*
- *ein Stück Hartfaser in der gleichen Größe wie das Polystyrol*
- *Holz- oder PVA-Leim*
- *Filzstift*
- *Skalpell*

**1** Der Bogen Polystyrol und der Rücken der Hartfaser werden mit Holz- oder PVA-Leim aufeinandergeklebt.

**2** Das Muster wird mit einem Filzstift aufgemalt, noch bevor der Leim trocken ist. Beim Drucken erscheint es spiegelbildlich.

**3** Mit einem Skalpell die Umrisse des Musters ausschneiden. Wenn dies geschieht, bevor der Leim sich erhärtet hat, lassen sich die Stücke einfacher entfernen.

**4** Beim Einschnitt im Bereich der Ecken werden die großen Stücke mit entfernt.

**5** Durch flache und eckige Schnitte die Einzelteile des Motivs ausheben. Man benutzt dafür eine neue Klinge, damit die Schnitte scharf sind und angrenzende Stücke nicht abgehen, die nur teilweise gelockert wurden.

## Zierleiste mit geometrischem Design

Dieser Zierleisten-Stempel wird aus hochdichtem Schaumstoff hergestellt. Dafür ist ein Polsterschaum von guter Qualität erforderlich. Er wurde hier einer Kompaktmatratze entnommen.

**Man braucht**

- *Holz- oder PVA-Leim*
- *hochdichten Schaum (z.B. Polsterschaum), der auf die Größe des gewählten Motivs zugeschnitten ist*
- *Hartfaser von gleichem Zuschnitt*
- *Filzstift*
- *Lineal*
- *Skalpell*
- *Holzklotz für den Griff*

**1** Den Schaumstoff auf die rauhe Seite der Hartfaser mit Holz- oder PVA-Leim kleben.

**2** Bevor der Leim trocken ist, das Muster mit einem Filzstift und Lineal auf das Schaumstück malen. Mit dem Skalpell Stellen umranden, die ausgeschnitten werden sollen; dann ausschneiden. Das Ausschneiden wird leichter fallen, wenn der Leim noch zäh ist.

**3** Schließlich wird der Holzklotz als Griff mit Holz- oder PVA-Leim auf die Mitte des Stempelrückens geklebt. Gut trocknen lassen.

## Schaumstoffstempel in Wellenform

Schaumstoff gibt es in allen möglichen Formen, Größen und Dichten. Hier nun ein Vorschlag, wie man einen Stempel in Wellenform auf originelle Weise anfertigen kann.

**Man braucht**

- Abklebband
- ein Stück walzenförmigen Schaumstoff von 2cm Durchmesser
- Holz- oder PVA-Leim
- Preßpappe

**1** Ein Stück Abklebband mit der Klebeseite nach oben auslegen. Den Schaumstoff dann in Wellenform bringen und auf den mittleren Abschnitt des Abklebbands drücken.

**2** Der Holz- oder PVA-Leim wird auf die nichtbeklebte Seite des Schaumstoffs angebracht, und der Schaumstoff mit dieser Seite auf die Hartfaser geklebt. Die Enden des Bandes um die Hartfaser kleben. Wenn der Leim getrocknet ist, das Abklebband entfernen.

# LINOLSCHNITT MIT BLUMENMUSTER

Der Linoleumschnitt ist leicht zu handhaben. Sie werden sehen, daß selbst schwierige Muster mit diesem Material angefertigt werden können.

**MAN BRAUCHT**

- *Pauspapier*
- *Bleistift*
- *einen Bogen Umdruckpapier*
- *Linoleum-Block*
- *Abklebband*
- *Skalpell*
- *Werkzeug: einen „V"-förmigen Geißfuß und ein „U"-förmiges Hohleisen*

**1** Das gewählte Motiv in der Größe des Linoleum-Blocks durchpausen. Das Umdruckpapier (Kopierseite nach unten) zwischen das Pauspapier und Linoleum legen und die Ecken mit Klebband befestigen.

**2** Mit einem spitzen Bleistift das Muster nachzeichnen. Das Motiv wird danach auf dem Linoleum-Block erscheinen.

**3** Das Papier wird entfernt und die Umrisse werden mit einem Skalpell ausgeschnitten. Feine Details oder gerade Linien mit flachen, winkelförmigen Schnitten von jeder Seite anschneiden. Dann die „V"-förmigen Kerbungen aushöhlen.

**4** Den Rest des Musters mit den Linoleum-Werkzeugen ausschneiden: Das Hohleisen nimmt man für die großflächigen Bereiche des Hintergrunds und den Geißfuß für die feineren Rundungen und Details. Der Linoleum-Block wird mit der freien Hand fest nach unten gedrückt. Dabei vermeidet man Unfälle, wenn die freie Hand hinter der schnitzenden Hand bleibt.

# Sonnenbanner im Kartoffeldruck

Das Stempeln mit Kartoffeln lernen viele von uns schon in der Schule. Kartoffeldrucke sind erstaunlich wirkungsvoll und sollten von Erwachsenen nicht ignoriert werden.

---

**Man braucht**

- *eine mittelgroße, rohe Kartoffel*
- *ein scharfes Küchenmesser*
- *einen feinen Filzstift*
- *Skalpell*

**1** Die Kartoffel wird mit einem scharfen Messer in der Mitte durchgeschnitten. So erhält man eine glatte Oberfläche.

**2** Malen Sie das Motiv mit einem feinen Filzstift auf die Kartoffel. Denken Sie immer daran, daß Motive beim Aufstempeln spiegelbildlich erscheinen. Bei dem hier benutzten Sonnenbanner-Motiv macht das aber keinen Unterschied.

**3** Mit dem Skalpell werden die Umrisse eingeschnitten. Dann den Hintergrund aushöhlen und entfernen. Kartoffel-Stempel halten nur ein paar Stunden. Fertigen Sie deshalb eine Zeichnung des Motivs an, wenn Sie das Projekt nicht auf einmal vollenden. Das Muster kann dann auf einer frischen Kartoffel erneut eingeschnitten werden.

# ANWENDUNGS-TECHNIKEN

Ein Stempel läßt sich mit verschiedenen Substanzen überziehen. Jede Substanz, die einen Stempel einfärbt und dann beim Drucken auf der entsprechenden Oberfläche haften bleibt, ist im Prinzip geeignet.

Stempelkissen gibt es in allen möglichen Formen, Größen und Farben. Manche enthalten Tinte, andere Wasserfarben, die sich auswaschen lassen.

Farben können mit Pinseln oder Rollen aufgetragen werden oder auf einer flachen Oberfläche verteilt werden, in die der Stempel dann eingetaucht wird. Wenn Sie mit Farben und Tinten Versuche anstellen, sollten Sie den Stempel zuerst immer auf einem Stück Schmierpapier ausprobieren.

## MIT EINEM PINSEL

Damit trägt man dicke Wasserfarben wie Emulsionen oder Acrylfarben auf. Ein großer Vorteil hierbei ist, daß man auf einem Stempel verschiedene Farben verwenden kann. Dies ist nicht möglich, wenn man den Stempel auf ein Stempelkissen drückt.

## MIT EINER ROLLE

Geben Sie einen Klecks Farbe auf einen flachen Teller, und lassen Sie eine kleine Rolle mehrere Male darüber rollen, bis sie gleichmäßig mit Farbe bedeckt ist. Die Rolle über den Gummistempel rollen und einen Testdruck auf Papier machen, da der Stempel manchmal zuviel Farbe aufnimmt.

## MIT EINEM STEMPELKISSEN

Drücken Sie den Gummistempel leicht auf die Oberfläche des Stempelkissens. Prüfen Sie, ob der Stempel gleichmäßig eingefärbt ist, bevor Sie drucken. Bei dieser Methode ist es unwahrscheinlich, daß der Stempel mit Farbe überladen wird.

## SCHWAMMSTEMPEL EINTAUCHEN

Eine Farbschicht wird gleichmäßig auf einem flachen Teller verteilt und der Schwammstempel eingetaucht. Prüfen Sie mit einem Testdruck, ob der Stempel gleichmäßig eingefärbt ist, denn Schwämme nehmen mehr Farbe auf als Gummi.

## MIT MINIATURKISSEN

Diese kleinen Kissen gibt es mit vielen Leucht- und Metallicfarben. Wie beim Pinsel lassen sich mehrere Farben zugleich anbringen. Vermeiden Sie, daß die Farben sich auf den Stempelkissen vermischen.

## MIT LASUR

Stempel und Kartoffelschnitte lassen sich mit durchsichtiger Lasur einfärben. Rühren Sie Tapetenkleister an und fügen Sie wäßrige Tinte hinzu. Der Stempel hinterläßt dann eine glänzende Schicht mit einer Spur Farbe.

# FARBEFFEKTE

## VERSCHIEDENE EFFEKTE ERZEUGEN

Abhängig von den gewählten Farben und Tinten lassen sich unterschiedliche Druckeigenschaften erzielen. Der Stempel mit Sonnenmotiv (unten) kann sowohl kalte wie warme Effekte erzeugen.

**1** Dieser Metallic-Effekt wurde zur einen Hälfte aus gleichen Teilen PVA-Leim und Wasser und zur anderen Hälfte aus Metallpulver erzeugt. Die Mischung wurde mit einer Gummi-Rolle auf den Stempel gebracht.

**2** Hier wurde der gleiche Stempel mit zwei verschiedenen Farben eingefärbt. Trägt man die Farbe mit einem Pinsel auf, ist es möglich, unterschiedliche Farbbereiche voneinander getrennt zu halten.

## LEUCHT-EFFEKTE

Dieser Effekt kombiniert den weichen Ton einer pinkfarben getünchten Wand mit dem fast pudrigen Erscheinungsbild eines mitteldichten Schwammstempels, der leicht auf die Wand gedrückt wurde. Emulsionsfarbe mischt man halb und halb mit angerührtem Tapetenkleister, der feucht eine gallertartige Qualität und trocken einen klaren Glanz hat.

## ÜBERDRUCK-EFFEKTE

Dieses Muster läßt sich durch Hinzufügen von Farbe und durch Überdrucken aufbauen. Das Motiv ist recht ungewöhnlich, da es in die eine und in die andere Richtung gedruckt werden kann. Der auf den ersten aufgetragene zweite Druck füllt die Dreiecksformen auf, die zunächst ausgespart bleiben. Dies funktioniert in der Mitte des Musters besonders gut. Man sollte darauf achten, daß die Grenzlinien nicht mehrmals gefärbt werden, da diese weniger wirkungsvoll sind, wenn sie mit mehr als einer Farbe bedruckt werden.

**1** Beim ersten Druck wurde hellgelbe Emulsion auf eine hellblau getünchte Wand aufgetragen.

**2** Der Stempel wurde gesäubert und dann mit dunkelblaugrauer Farbe eingefärbt. Dabei wurde der feine Rand ausgelassen. Den Druck führte man mit dem umgedrehten Stempel aus, der aber so aufgelegt wurde, daß er exakt auf den ersten Druck paßte.

**3** Hier wurden andere Farben auf ausgewählte Bereiche des Stempels gebracht, wobei jede der Grenzlinien eine gesonderte Farbe erhielt.

# FARBMISCHUNGEN MIT SPEZIALEFFEKTEN

Es gibt heutzutage viele verschiedene Farbarten; sie werden häufig in großen Selbstbedienungsläden verkauft. Manchmal ist es leider nicht möglich, für ein besonderes Vorhaben fachmännische Hilfe zu bekommen. In diesem Buch haben wir versucht, die Farbauswahl auf Künstlerfarbe aus Acryl, Wasserfarbe oder Emulsionsfarbe zu beschränken. Dies bedeutet jedoch nicht, daß alle Farbresultate gleich aussehen. Es gibt viele sehr einfache Verfahren, die Intensität und Struktur dieser Farben mit PVA-Leim und Tapetenkleister zu variieren. Die Fotosequenzen unten zeigen die verschiedenen Methoden und die so erzielten Effekte auf.

## WASSERFARBE UND TAPETENKLEISTER

Diese Mischung eignet sich nur für Oberflächen, die nicht abgewischt werden müssen, wie Papier und Pappe.

**1** Rühren Sie den Tapetenkleister zu einer leicht dünneren Konsistenz an als sonst üblich. Nach fünf Minuten wird der Kleister dick; er läßt sich durch Hinzufügen von mehr Wasser verdünnen. Am Ende sollte er von bindender Konsistenz sein.

**2** Dann ein wenig fertiggemischte Wasserfarbe, wie sie im Fachhandel verkauft wird, hinzufügen. Die Farbe ist intensiv, und man kommt mit einer kleinen Menge lange aus. Davon so viele Tropfen wie nötig hinzufügen und einrühren. Testen Sie die Farbe anschließend auf einem Stück Papier, um den Glanzeffekt bewerten zu können. Der Kleister liefert die Dicke, die zum Stempeln notwendig ist. Wasserfarbe allein ist dafür nicht geeignet.

## EMULSIONSFARBE UND TAPETENKLEISTER

Diese Mischung verleiht der Textur der Emulsionsfarbe eine neue Note. Der Tapetenkleister macht sie speziell für das Stempeln mit Schwämmen geeignet.

**1** Emulsionsfarbe und Tapetenkleister im Verhältnis 1 zu 2 zu einer Masse vermischen. Zuerst den Tapetenkleister mit der erforderlichen Wassermenge anrühren, dann die Emulsion beigeben. Der Vorteil dieser Mischung ist, daß sie später abwaschbar ist. Sie eignet sich somit für jede Dekoration des Haushalts. Der Tapetenkleister ist durchsichtig, wenn er getrocknet ist, und verleiht der Emulsion eine glänzende Oberfläche.

**2** Wenn die gewünschte Farbe und Konsistenz vorliegt, eine Seite des Tellers mit einem kleinen Holzblock aufbocken. Der Teller sollte stabil sein und in dieser Position gehalten werden, um ein gleichmäßiges Einfärben des Stempels zu gewährleisten.

**3** Den Schwammstempel in eine mit Wasser gefüllte Schüssel tauchen. Jeder Schwamm ist beim Stempeln einfacher zu handhaben, wenn er feucht anstatt trocken ist, da er die Farbmischung dann leichter aufsaugt und abgeben kann.

**4** Den Stempel aus dem Wasser nehmen und die überschüssige Flüssigkeit mit einem Stück Küchenpapier ausdrücken.

**5** Einen Teil der Farbe aufschaufeln, um die höhere Seite des Tellers mit einer dünnen Farbschicht zu bedecken; dann den Schwammstempel eintauchen.

**6** Machen Sie schließlich einen Testdruck auf einem Stück Papier, um sicherzustellen, daß der Stempel nicht zuviel Farbe hat. Hier wurde auf grünblauem Hintergrund gedruckt.

# Mit Stempeln gestalten

Haben Sie die Möglichkeit des Sofort-Drucks erst einmal erkannt, wollen Sie vielleicht Ihrer Kreativität freien Lauf lassen. Beispielsweise läßt sich die Farbfolge variieren. Auch die Stempel-Motive lassen sich auswechseln oder neu gruppieren. Man denke nur an all die Grundmuster wie Streifen, Zickzacklinien, Kreuze, Wellen und vieles andere mehr. Das verleiht der Arbeit mit Stempelmotiven ihren Stil und eigenen Reiz.

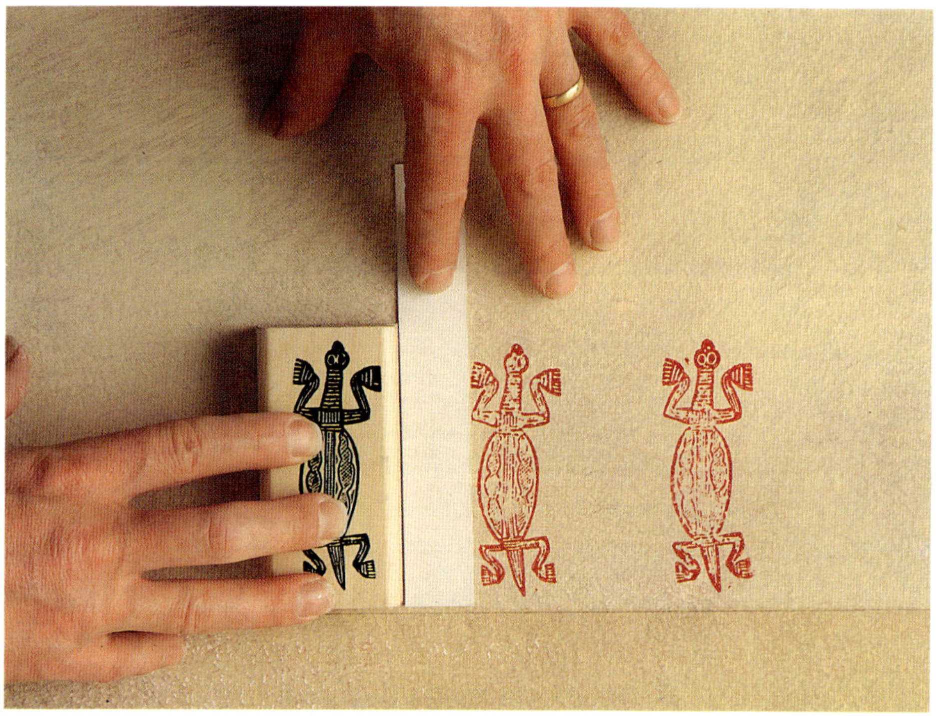

## Systematisch geordnete Reihen

Beim Gestalten einer Ausgangsreihe mit Stempeldrucken ist der Abstand von entscheidender Bedeutung. Behelfen Sie sich mit einem Papierstreifen, den Sie in entsprechender Breite ausschneiden. Setzen Sie den Stempel in der Ecke des zu bedruckenden Papiers oder der zu bedruckenden Wand an und machen Sie so den ersten Aufdruck. Dann den Papierstreifen an den Stempelblock legen und dabei gut festhalten; hernach den Stempel hochheben und an der anderen Seite des Papierstreifens anlegen, um den nächsten Druck zu machen. So können Sie die Stempelreihe vervollständigen.

## Zickzackmuster

Wollen Sie ein Zickzackmuster anfertigen, schneiden Sie ein Dreieck mit einem 90°-Winkel und einer Seite aus, die mindestens so lang wie der Stempelblock ist. Dann den 90°-Winkel an der Kante des Papiers und den Stempel gegen die schräge Kante anlegen. Das erste Bild drucken, hernach das Dreieck umklappen und den zweiten Druck gegenläufig zum ersten machen. Das Dreieck erneut umklappen, ohne die Position der senkrechten Seite zu ändern, und den dritten Druck wiederum gegenläufig ansetzen. Auf diese Weise die Reihe vervollständigen.

### Ausschnittdrucke

Manchmal ist es schwierig, sich vorzustellen, wie man den Abstand einer Musterreihe gestalten soll. Ausgeschnittene Papierdrucke können hierbei sehr hilfreich sein. Diese Methode ist besonders sinnvoll, wenn man ein Design für Stoffe oder Wände plant. Dann sollte man genügend Drucke anfertigen, um einen Eindruck zu bekommen, wie die sich wiederholenden Muster am besten zueinander passen.

### Auf Papier experimentieren

Ausgeschnittene Papierdrucke eignen sich auch für die Arbeit mit verschiedenen Mustern. Sie helfen bei der Frage, ob die Stempel sich überlappen sollen oder ob Zwischenräume passend sind. Manchmal kann man aber auch mit dem bloßen Auge gut beurteilen, welche Abstände räumlich angenehm wirken.

### Kreative Anordnung

Mit Hilfe von ausgeschnittenen Papiermustern können Sie Ihr Ensemble fein aufeinander abstimmen, bevor die Muster endgültig übertragen werden.

Wenn Sie einen kleinen Gummistempel haben, aber ein größeres Motiv gestalten wollen, können Sie den Stempel für eine Formation nutzen, die ein größeres Ganzes entstehen läßt.

Man kann mit den Drucken experimentieren, indem man sie in Kasten-, Spiral-, Kreis- und Dreiecksformen oder anderen Mustern anlegt.

# Wände & Oberflächen

Beim kreativen Dekorieren sollten Sie keine Ängstlichkeit an den Tag legen. Ihr Gestalten sollte Ihnen vielmehr Spaß machen. Dabei ist die Stempelkunst die schnellste und einfachste Methode, ein Muster auf eine Wand zu bringen.

Je nach eingesetztem Material lassen sich mit Stempeln viele schöne Effekte erzielen. Ein vorgeschnittener Gummistempel wie der, der für das Tapetenmuster eingesetzt wurde, schafft ein feines, anspruchsvolles und raffiniertes Design, wenn er beispielsweise auf blauem oder cremefarbenem Hintergrund gedruckt wird. Selbstgemachte Schaumstempel kreieren dagegen ein völlig anderes Druckergebnis: Die Stempel können zum einen recht fein strukturiert sein, wenn sie aus hochdichtem Schaumstoff geschnitten werden; sie können zum anderen aber auch einfach und deutlich wie der Sonnenstern aus mitteldichtem Schwamm sein. Die Drucke variieren, je nach Menge und Konsistenz der benutzten Farbe. Eine transparente Farbe läßt sich herstellen, indem man einer Emulsionsfarbe Tapetenkleister beimischt. Ein glänzendes Gold erhält man, wenn man bronzenfarbenes Puder mit PVA-Leim mischt. Es gibt heute wunderschöne „kreidige“ Farben auf dem Markt, die den Effekt der alten Leimfarben nachahmen und einen leicht reliefartigen Druck auf den Wänden hinterlassen.

Nicht nur die Wahl der Farbe und die Art des Stempels beeinflussen das Druckresultat, sondern auch die Art und Weise, wie der Stempel benutzt wird. Wünschen Sie beispielsweise ein eher „handgearbeitetes“ Druckergebnis, sollten Sie mehrmals drucken, bevor Sie den Stempel erneut einfärben, und auch den Krafteinsatz beim Drucken variieren.

# OBERFLÄCHEN-ANWENDUNG

Wenn man mit Stempeln druckt, bleibt die Form zwar konstant, doch können viele Nuancen erzielt werden. Die Faktoren, die hierbei eine Rolle spielen, sind die bestempelte Oberfläche, das Material, aus dem der Stempel gemacht ist, und die Substanz, mit der man stempelt. Um die möglichen Effekte zu illustrieren, haben wir mit einer unterschiedlichen Oberflächenbehandlung, die zu verschiedenen Ergebnissen führt, experimentiert.

## UNTERSCHIEDLICHE EFFEKTE

Wenn das Motiv auf die Wand gestempelt worden ist, gibt es noch verschiedene Variationsmöglichkeiten.

**1** Dies ist das Ausgangsmuster. Hier wurde ein Schaumstoffstempel in blaue Emulsionsfarbe gedrückt, um auf einer mit solcher Farbe gestrichenen Wand einen gleichmäßigen Druck zu erhalten.

**2** Nachdem der Druck getrocknet ist, wurde er mit feinkörnigem Sandpapier behandelt.

**3** Dieser Stempel wurde auf die gleiche Weise wie der erste aufgetragen, dann aber die Oberfläche mit einer Schicht getöntem Firnis behandelt. Der Lack schützt und vertieft die Originalfarbe.

## TIEFENEFFEKTE

Firnis wird auf die Stempelmuster aufgetragen, um der Farbe Tiefe zu verleihen. Diese drei mit einem Polystyrol-Stempel gefertigten Drucke veranschaulichen, welche Effekte sich durch das Auftragen einer Lackschicht erzielen lassen.

**1** Dies ist das Ausgangsmuster in grauer Emulsion, das auf leicht buttermilchfarbenem Hintergrund aufgetragen wurde.

**2** Hier wurde die gleiche Oberfläche mit einer Schicht getöntem Lack behandelt. Dieses Vorgehen hat den gelben Farbton wesentlich tiefer gemacht.

**3** Hier wurde eine zweite Schicht des gleichen Lacks aufgetragen. So hat sich die Farbe in ein tiefes Piniengelb gewandelt. Getönter Lack ist in vielen Schattierungen erhältlich.

# HANDBEDRUCKTE TAPETENMUSTER

*Im Gegensatz zu den meisten anderen Stempelvorhaben braucht man für handbedruckte Tapetenmuster eine gewisse Planungszeit und eine lange, saubere Arbeitsunterlage, wie zum Beispiel einen Tapeziertisch. Die verwendete Farbe ist eine schnell trocknende Emulsion. Dennoch muß darauf geachtet werden, daß das Muster beim Auftragen auf die Tapete nicht verschmiert.*

*Messen Sie die Wand aus, die Sie gestalten wollen, und rechnen ca. zwei Meter hinzu, um ausreichend Gestaltungsspielraum zu haben.*

*Hier wurde Makulatur in getöntem Weiß verwendet – die preiswerteste Tapete. Natürlich können Sie sich auch für eine bessere Qualität entscheiden.*

### MAN BRAUCHT

- *Lineal*
- *Filzstift*
- *Gummistempel mit Sonnenmotiv*
- *Papierstreifen in der Breite der Tapete*
- *Bleistift*
- *kleine Unterlage oder Teller*
- *Emulsionsfarbe in Türkisgrün*
- *kleine Gummirolle*
- *Tapetenkleister*
- *Pinsel für den Kleister*

**1** Zeichnen Sie mit Hilfe eines Lineals zwei Hilfslinien bis über die Kante der Stempelunterlage hinaus. So läßt sich der Stempel später exakt positionieren.

**2** Fertigen Sie sich dann aus einem Papierstreifen eine Meßhilfe an und markieren Sie auf dem Meßstreifen die Breite für sechs Stempel.

**3** Dann den Meßstreifen am unteren Ende der Tapete anlegen und den Stempel mit einer Rolle einfärben. Ein Testdruck stellt sicher, daß der Stempel sauber arbeitet.

**4** Den ersten Stempeldruck im zweiten, den nächsten im vierten und den letzten im sechsten Abschnitt machen; dabei den Stempel an den Meßstreifen legen.

**5** Dann den Meßstreifen an die Längsseite der Tapete legen und mit dem Bleistift vorsichtig markieren.

**6** Sodann den Meßstreifen wieder horizontal anlegen und die nächste Motivreihe im ersten, dritten und fünften Abschnitt drucken. Die Positionen dieser Drucke entsprechen dabei denen des ersten Abschnitts. Auf diese Weise können Sie fortfahren, bis die Tapete fertiggestellt ist.

**7** Hängen Sie die einzelnen Tapetenbahnen so auf, daß sich ein gleichförmiges Gesamtmuster ergibt, und die untersten Motive auf der Kante stehen.

# Skandinavisches Wohnzimmer

*Dieses zarte Wandstempelmotiv verströmt eine kühle nordländische Atmosphäre. Das Dekorationsvorhaben läßt sich zwar weniger schnell ausführen als die anderen in diesem Buch vorgestellten, doch die Eleganz des Ergebnisses rechtfertigt alle Mühen. Die Stempel werden aus hochdichtem Schaumstoff zugeschnitten und dann auf kleine Hartfaserplatten geklebt, die zur leichteren Handhabung mit einem Knauf versehen werden. Bevor man mit dem Stempeln beginnen kann, muß aus Pappe ein Gitternetz mit Hilfe einer Senkschnur und eines Quadrats auf die Wand gezeichnet werden. Mit einem abschließenden Anstrich aus Lack erzeugt man wärmere Valeurs.*

## Man braucht

- *Holz- oder PVA-Leim*
- *2 Hartfaserplättchen in der Größe 9cm x 9cm*
- *2 Stücke hochdichten Schaumstoff in der Größe 9cm x 9cm*
- *Pauspapier*
- *Bleistift*
- *Haftspray*
- *Skalpell*
- *Lineal*
- *2 kleine Türknaufe aus Holz*
- *Senkschnur*
- *Pappe in der Größe 18cm x 18cm*
- *Teller*
- *Emulsionsfarbe in Dunkelblau*
- *Flachpinsel*

**1** Holzleim auf die Hartfaserplättchen geben und den Schaumstoff darauf kleben; den Leim trocknen lassen.

**2** Die Muster aus dem Kapitel „Schablonen" abpausen, übertragen, mit Haftspray besprühen und auf die Schaumblöcke kleben.

**3** Die Musterumrisse einschneiden und die Schablone entfernen. Den Hintergrund aushöhlen, so daß der Stempel hervortritt.

**4** Zwei sich schneidende Diagonalen auf die Rückseite der Preßpappe zeichnen und einen Türknauf aus Holz in die Mitte kleben.

**5** Eine Senkschnur als vertikale Meßhilfe auf Deckenhöhe anbringen, z. B. mit einer Reißzwecke, dann 8cm über der Wandbegrenzung einen Punkt markieren und einen Winkel des Pappquadrats entlang der Senkschnur anlegen. Die Kantenlänge des Quadrats auf der Wand mit Bleistift markieren, dann das Quadrat nach oben hin verschieben, um die nächsten Markierungen vorzunehmen. So entsteht schließlich ein Gitternetz aus vielen Quadraten.

**6** Während einer der Stempel ein statisches Motiv hat, hat der andere ein geschwungenes. Zuerst das statische Motiv benutzen, dieses in einen mit Farbe bedeckten Teller tauchen und den ersten Druck probeweise auf Papier machen. Dann die Wand von der 8cm-Marke aus bedrucken.

**7** Dann das Drucken in der Diagonalen fortsetzen.

**8** Auf das geschwungene Motiv übergehen und dieses zwischen die statischen Motive setzen.

**9** Dann einen Bleistift und ein Lineal zur Hand nehmen, um 3,5 cm über der unteren Wandbegrenzung eine Linie zu ziehen.

**10** Schließlich wird der Bereich zwischen Bleistiftlinie und unterer Wandbegrenzung mit dem Flachpinsel in dunkelblauer Farbe angestrichen.

# Wand mit Sonnenstern-Motiv

*Dekorieren kann ganz einfach sein. Vorbei sind auch die Tage, als man allen Ehrgeiz in die Arbeit mit matten Farben legte. Heute legt man mehr Wert auf eine lebendige Farbgebung. Alles, was man für die Anfertigung des Sonnenstern-Stempels benötigt, ist ein bißchen Zeit und ein Stück Schwamm. Hier wurde die Wand mit verdünnter, kaffeefarbener Emulsion getüncht. Dazu mischt man die Farbe im Verhältnis 1 zu 1 mit Wasser, rührt das Ganze gut durch und bemalt die Wand mit freien, schwungvollen Pinselstrichen.*

**Man braucht**

- *mitteldichten Schwamm (z.B. Küchenschwamm)*
- *Filzstift*
- *Skalpell*
- *Senkschnur*
- *Pappe (25cm x 25cm)*
- *Bleistift*
- *Tapetenkleister zum Mischen*
- *Tasse*
- *Teller*
- *Emulsionsfarbe in Terracotta*
- *Farbpinsel*

**1** Ziehen Sie mit Hilfe einer Schablone auf dem Schwamm einen Kreis.

**2** Dann das Sonnenstern-Motiv in den Kreis zeichnen. Das Muster finden Sie hinten im Kapitel „Schablonen".

**3** Dann den Kreis vorsichtig mit einem Skalpell ausschneiden.

**4** Daraufhin die Schwamm-Reste vom Muster abtrennen.

**5** Danach eine Senkschnur in Dekkenhöhe mit Hilfe einer Reißzwecke befestigen und das Pappquadrat in der Diagonalen hinter die Senkschnur legen. Alle Kanten werden nun mit einem Bleistift auf der Wand markiert; dann das Quadrat verschieben und die Markierung fortsetzen, bis ein Gitternetz aus Bleistift-Markierungen die ganze Wand bedeckt.

**6** Eine Tasse Tapetenkleister anrühren; etwas Kleister dann neben die gleiche Menge Terracottafarbe auf einen Teller geben und beide mit einem Farbpinsel vermischen. Anschließend den Schwamm in diese Mischung tauchen und auf einem Stück Papier einen Testdruck machen. Hernach können Sie damit beginnen, die Stempel auf der Wand aufzutragen. Kleister und Farbe vor jedem Druckvorgang neu vermischen, so daß die Farbdichte leicht variiert.

**7** Mit dem Stempeln fortfahren, so daß sich die Sonnensterne auf der ganzen Wand zu einem regelmäßigen Muster ausbreiten.

# Mexikanische Eingangshalle

*Trübe Stimmung durch schlechtes Wetter läßt sich mit kräftigem Sonnengelb und intensivem Himmelblau vertreiben. Wenn die heiße Jahreszeit kommt, können Sie sich einen Hauch Exotik schaffen. Benutzen Sie die Muster aus dem Kapitel „Schablonen", um aus einem mitteldichten Schwamm geometrische Formen auszuschneiden. Dabei werden grüne Farbtöne mit Purpur vermischt; ein erdfarbenes Rot kommt hinzu, und dann stempelt man Rautenmuster in Dunkelrosa auf. Es ist ein ins Auge fallendes Werk.*

*Heutzutage ist Emulsionsfarbe in vielen aufregenden Farben erhältlich. Man sollte für diese Zierleiste keine gedämpften Farben benutzen, da sie so viel von ihrer Wirkung verlieren würde.*

**Man braucht**

- *Meßband*
- *Wasserwaage*
- *Bleistift*
- *Emulsionsfarbe in Sonnengelb und dunklem Himmelblau*
- *Farbrollen und Brett*
- *kleine Mengen Emulsionsfarbe in hellem Blaugrau, Purpur, Backsteinrot, Dunkelrosa und Dunkelgrün*
- *5 Teller*
- *1 Stück Schaumstoff*
- *mitteldichten Schwamm, in die Musterformen aus dem Kapitel „Schablonen" geschnitten*

**1** Die Wand auf unterer Höhe mit Hilfe eines Bleistifts unterteilen. Mit der Farbrolle dann den oberen Teil der Wand Sonnengelb, den unteren in dunklem Himmelblau anstreichen; dann eine parallele Linie ca. 15cm über dem blauen Bereich aufzeichnen.

**2** Mit einem Stück Schaumstoff eine helle blaugraue Linie direkt über den blau angestrichenen Wandteil aufstempeln. Dann mit dem Schaumstoff die obere Linie der Zierleiste entlang der Bleistiftlinie aufstempeln.

**3** Jede der Farben des Fries auf separaten Tellern gleichmäßig verteilen. In Purpur die recht- und dreieckigen Formen abwechselnd zu einer Reihe oberhalb der unteren Linie und unterhalb der oberen Linie aufstempeln. Zuerst auf einem Stück Papier einen Testdruck machen, um sauberes Stempeln zu gewährleisten.

**4** In Backsteinrot die größte Musterform zwischen die unteren und oberen Dreiecke stempeln. Ca. 1cm der Hintergrundfarbe sollte zwischen dem backsteinroten Muster und den purpurfarbenen Dreiecken noch zu sehen sein.

**5** Dann die Rauten-Muster in Dunkelrosa zwischen die backsteinroten Motive stempeln.

**6** Zum Schluß die hellblaugrünen Begrenzungslinien mit dunkelgrünen Dreiecken bedrucken.

# SONNENRAD-MOTIV

*Diese Komposition aus elegantem Rotbraun und erdigem Gelb erfüllt den Raum mit Wärme. Das Motiv der rotierenden Sonne ist zeitlos. Mit ihm zu arbeiten, bereitet großen Spaß. Denn hat man einmal das Gitternetz markiert, nimmt unser Tun schnell sichtbare Formen an. Da hier nur eine Farbe verwendet wird, ist das Stempeln außerdem noch sehr einfach. Die Wand wird mit ockergelber Emulsionsfarbe gestrichen, die im Verhältnis 1:1 mit Wasser verdünnt wurde. Dabei wird mit freien Pinselstrichen in Reichweite einer Armlänge gearbeitet. Der untere Wandabschnitt wird in dunklem Terracotta angestrichen.*

## MAN BRAUCHT

- *Meßband*
- *Wasserwaage*
- *Bleistift*
- *Farbpinsel*
- *Emulsionsfarbe in Terracotta und Ockergelb*
- *Seidenglanzlack*
- *Pauspapier*
- *Skalpell*
- *Haftspray*
- *hochdichten Schaumstoff*
- *Teller*
- *Senkschnur*
- *Pappe (15cm x 15cm)*

**1** Die Wand auf unterer Höhe unterteilen. Den Bereich unterhalb der gezogenen Linie in Terracotta, den Bereich darüber in ockergelb streichen. Eine Schicht Seidenglanzlack auf die terracottafarbene Fläche streichen; dann die Formen aus dem Kapitel „Schablonen" mit Haftspray auf den Schaumstoff kleben, anschließend mit einem Skalpell ausschneiden.

**2** Danach eine gleichmäßige Schicht der Terracottafarbe auf einem Teller verteilen und den kleineren Stempel eintauchen. Nach einem Testdruck das Muster oberhalb der neuen Wandbegrenzung zu einer Reihe aufstempeln. Eine Senkschnur in Deckenhöhe anbringen und ein Gitternetz mit einem Stück Pappe und einem Bleistift skizzieren.

**3** Nun den größeren Stempel in die Terracottafarbe tauchen. Dann die großen Sonnenräder auf die Wand stempeln und dabei auf die Bleistiftmarkierungen achten.

**4** Schließlich die einzelnen Sonnenräder miteinander verknüpfen, indem man zwischen diese in gerader Linie drei kleine Sonnensterne aufstempelt.

# BLUMENSPROSS-MOTIV

*Dieses Muster wird mit drei Schwammstempeln angefertigt. Die Hintergrundfarbe ist ein cremiges Gelb. Stengel und Blüte des Motivs korrespondieren dabei mit den Farben auf und unterhalb der Wandbegrenzung. Beim Bedrucken jeder neuen Reihe sollen die Blümchen in die jeweils andere Richtung zeigen. Dies verleiht dem Muster seine Dynamik. Man kann dabei die Intensität der Farbe variieren, indem man einige der Drucke weniger fest aufträgt. Der zeitraubendste Teil des Vorhabens besteht darin, mit Bleistift-Markierungen ein Gitternetz über die gesamte Wandoberfläche zu zeichnen. Ist diese Arbeit aber einmal getan, wird das Stempelmuster sehr schnell sichtbare Gestalt annehmen.*

**MAN BRAUCHT**

- *Pauspapier*
- *Bleistift*
- *Haftspray*
- *porösen Schwamm (z.B. Badeschwamm)*
- *Filzstift*
- *Skalpell*
- *Papier (14cm x 14cm)*
- *Senkschnur*
- *2 Teller*
- *Emulsionsfarbe in Backsteinrot und Dunkelblau*

**1** Die Formen aus dem Kapitel „Schablonen" abpausen, übertragen und ausschneiden, leicht mit Haftspray besprühen und auf den Schwamm kleben; anschließend ausschneiden.

**2** Eine Senkschnur in Deckenhöhe anbringen und bis zur Wandbegrenzung herabhängen lassen. Das Kartonquadrat dann diagonal anlegen, so daß die Senkschnur durch die beiden Winkel auf der Senkrechten verläuft. Das Quadrat dann markieren und so das Gitternetz auf die Wand zeichnen.

**3** Die rote und blaue Farbe auf verschiedene Teller geben. Nach einem Testdruck dann die blauen Blütenstengel stempeln und die Bleistiftmarkierungen als Richtschnur benutzen. Dabei die Druckrichtung der geneigten Stengel abwechselnd von links auf rechts verändern.

**4** Das gleiche Blau benutzen, um das Blattmuster an den Stengel zu drucken. Wie beim ersten Aufstempeln die Druckrichtung ändern.

**5** Den Schwamm mit dem Blütenmuster in die backsteinrote Farbe drücken. Nach einem Probedruck die Blütenmuster auf die Spitze des Stiels drucken. Bei diesem Arbeitsgang unterschiedliche Kraft aufwenden, um eine variable Farbdichte zu erzielen.

# KORKSTEMPEL FÜR FUSSBÖDEN

*Dieser hübsche Stempel wurde aus sieben Weinkorken hergestellt, die man zu einem gänseblümchenförmigen Bündel zusammengefügt hat, wobei die Muster durch Einkerbungen mit einem Skalpell entstanden sind. Dichter Kork wie dieser, der weich und auch glatt ist, läßt sich gut bearbeiten. Der Stempel sollte auf vorbehandeltem Holz oder auf Korkfliesen mit gedeckter Holzfarbe aufgetragen werden. Sie sollten den Stempel ca. 10 Minuten vor dem Beginn der Arbeiten einfärben, damit er die Farbe ganz aufnehmen kann.*

**MAN BRAUCHT**

- *7 Weinkorken*
- *Holz- oder PVA-Leim*
- *starkes Klebeband*
- *Filzstift*
- *Skalpell*
- *2 Papierstreifen gleicher Breite*
- *dunkle Holzfarbe*
- *Schüssel*
- *Küchenpapier*

**1** Die sieben Korken auf einem Stück Papier im Gänseblümchenmuster anordnen und auf alle ihre Berührungsflächen eine Schicht Holzleim auftragen; dann überprüfen, ob alle unteren Korkenden gut auf dem Papier aufliegen (bevor der Leim getrocknet ist).

**2** Wenn der Leim anzieht, das Korkenbündel mit einem starken Klebeband fest umbinden.

**3** Mit einem Filzstift das Muster aus dem Kapitel „Schablonen" übertragen.

**4** Dann die Einkerbungen mit einem Skalpell vornehmen.

**5** Das Muster kann noch komplexer gestaltet werden, indem man im Mittelteil noch zusätzlich kleine Einschnitte vornimmt.

**6** Vor dem Drucken sicherstellen, daß die Bodenoberfläche völlig staubfrei ist. Die beiden Papierstreifen als Meßhilfen für die Anordnung benutzen; dazu beide an die Ecke der Fußleiste legen, so daß sie in beide Richtungen zeigen. Den Stempel zehn Minuten lang in die mit Farbe gefüllte Schüssel legen; dann den ersten Stempeldruck in die Ecke setzen.

**7** Die beiden Papierstreifen in der nächsten Ecke anlegen und dort den zweiten Druck ausführen.

**8** Die beiden Papierstreifen längs der Fußleiste anlegen und ein Motiv mittig zu den beiden ersten Drucken auftragen. In dieser Weise fortfahren, bis die Randverzierung den ganzen Raum einfaßt.

# FUSSLEISTE IM LEOPARDENMUSTER

*Leopardenmuster kommen nie aus der Mode und wirken keck. Wenn Sie skeptisch sind, testen Sie dieses Muster erst einmal in einem kleinen Raum, wie zum Beispiel Ihrer Garderobe. Der Vorteil davon ist, daß das Mobiliar nicht verändert werden muß, damit der Stil paßt.*
*Sie können diese Fußleisten auch mit pinkfarbenen oder tiefgrünen Wänden kombinieren, um den exotischen Eindruck noch zu verstärken. Dieses Muster wirkt besonders zu einer ausgefallenen Einrichtung mit viel Samt und Gold. Es läßt sich aber auch mit einem nüchternen Stil kombinieren.*

## MAN BRAUCHT

- *porösen Schwamm (z.B. Badeschwamm)*
- *Filzstift*
- *Skalpell*
- *Emulsionsfarbe in Sonnengelb und Dunkelbraun*
- *Farbpinsel*
- *Teller*
- *matten Transparenzlack*

**1** Mit einem Filzstift die Muster aus dem Kapitel „Schablonen" auf die Schwammoberfläche übertragen.

**2** Dann die einzelnen Formen vorsichtig mit einem Skalpell ausschneiden.

**3** Die Fußleiste mit sonnengelber Farbe bemalen und trocknen lassen.

**4** Danach eine Schicht dunkelbrauner Farbe gleichmäßig auf einem Teller verteilen und eine der Formen eintauchen. Einen Probedruck vornehmen, dann die Fußleiste damit bedrucken.

**5** Nun die einzelnen Formen benutzen, um das Leopardenmuster aufzubauen. Dabei jeweils ein Stück Papier an das Ende der Druckfläche legen, um den Boden abzudecken; dann den Stempel so aufdrucken, daß das Muster nur teilweise erscheint. Dies verleiht dem Design ein überzeugendes Gesamtbild.

**6** Treten Sie am Ende einige Schritte von der Fußleiste zurück, um die eventuell noch vorhandenen Lücken im Design ausfindig zu machen und diese gegebenenfalls noch mit kleinen Formen aufzufüllen. Das Leopardenmuster trocknen lassen.

**7** Zum Schluß auf die Fußleiste eine Lackschicht auftragen. Hier wurde matter Transparenzlack gewählt, doch können Sie sich auch für getönten oder glänzenden Lack entscheiden, um eine andere Wirkung zu erzielen.

# BADEZIMMER

*Dieses Badezimmer sieht so elegant aus, daß man es mit großer Sorgfalt ausschmücken sollte. Das Randmuster besteht aus einer klassischen Linienführung im Mäanderstil. Die schwarze und goldene Farbe sehen auf der schneeweißen Wand phänomenal aus. Jedes Badezimmer hat besondere Eigenschaften. Deshalb sollte man den Rand verzieren, um die positiven Eigenschaften hervorzuheben. Um das Gesamtbild abzurunden, läßt sich dieses Randmuster auch auf ein Set Handtücher drucken.*

---

**MAN BRAUCHT**

- *Pauspapier*
- *Bleistift*
- *Haftspray*
- *hochdichten Schaumstoff*
- *Skalpell*
- *acrylsaure Emaillefarbe in Schwarz und Gold*
- *2 Teller*
- *Holzleiste 2-3 m lang (je nach Größe des Badezimmers)*
- *Abklebband*

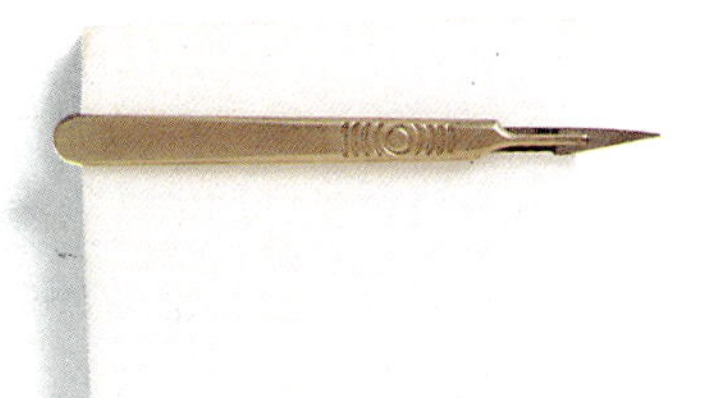

**1** Die Formen aus dem Kapitel „Schablonen“ abpausen und übertragen, leicht mit Haftspray besprühen und auf den Schaumstoff kleben. Bevor man die Formen ausschneidet, erst die Umrisse einschneiden, dann den überflüssigen Schaumstoff entfernen.

**2** Eine Schicht schwarze Farbe gleichmäßig auf einem Teller verteilen. Dann die Holzleiste an den Türrahmen anlegen, damit beim Drucken der gleiche Abstand zum Rahmen gewahrt werden kann. Nach einem Testdruck dann ein schwarzes Quadrat in die untere Ecke der Randbegrenzung drucken. Dann ein erstes Muster darüber drucken.

**3** Im Wechsel die Formen entlang des Türrahmens aufdrucken.

**4** Auf Höhe der Basisbegrenzung ein Klebeband anbringen; dann entlang dieser Linie die beiden Muster im Wechsel aufdrucken.

**5** Den Stempel mit dem Kreuzmuster in eine Schicht Goldfarbe eintauchen. Nach einem Testdruck dann das Kreuzmuster in die Quadrate drucken.

# ZIERLEISTE MIT MEERESMOTIVEN

*Dieses Vorhaben läßt sich schnell ausführen. Die Schwammformen mit Meeresmotiven stammen aus einem Mal-Set für Kinder. Es gibt ähnliche Sets mit Dschungelmotiven, Dinosauriern und Haustieren. Obwohl es sich hierbei um Kinderschwämme handelt, eignet sich diese Ausschmückung nicht ausschließlich für unsere Kleinen. Die Motive sprechen auch Erwachsene an und können ebenso für die Gestaltung anderer Räume verwendet werden.*

**MAN BRAUCHT**

- *Lineal*
- *Bleistift*
- *Wasserwaage*
- *Emulsionsfarbe in Creme, Backsteinrot und Blau*
- *3 Teller*
- *Kinder-Malschwämme mit Meeresmotiven*

**1** Mit Lineal, Bleistift sowie Wasserwaage eine Basislinie für die Zierleiste zeichnen, die Farben auf verschiedene Teller verteilen und die Formen dort in der Reihenfolge Creme, Backsteinrot und Blau eintauchen. Dann Testdrucke vornehmen und alle Schwammuster über der Basislinie aufdrucken; dann die Folge wiederholen, um eine weitere Reihe zu bekommen.

**2** Anschließend jede Form teilweise überdrucken und dafür die Schwämme jeweils in eine andere Farbe als vorher eintauchen.

**3** Mit dem Überdrucken der Formen fortfahren. Die zweite Farbe kreiert eine Art Schatteneffekt und verleiht den Formen ein dreidimensionales Erscheinungsbild.

# KARO- UND KIRSCHENMUSTER

*Durch eine Kombination von Karos und Kirschenmustern können Sie in Ihre Küche einen Hauch Frankreich bringen. Solche Motive sind bei unseren Nachbarn sehr beliebt – insbesondere auf dem Lande. Der Rand im Karo-Look wird mit einer praktischen Gummistempelrolle angefertigt, die sehr einfach zu handhaben ist. Man sollte sich dennoch nicht verleiten lassen, zu viele Karos aufzutragen, da diese den Gesamteindruck zu sehr beherrschen würden. Die Kirschen werden in freier Gestaltung, doch nicht zu dicht gestempelt, damit das Muster nicht zu unruhig wirkt.*

### MAN BRAUCHT

- *Klebeband*
- *Flachpinsel*
- *Emulsionsfarbe in Maisgelb*
- *1 Stück Papier*
- *Gummistempelrolle mit Karomuster*
- *Gummistempel mit Kirschmotiv*
- *rotes Stempelkissen*

**1** Den Rand um den Fensterrahmen entweder mit Klebeband entlang der äußeren Begrenzung abkleben oder mit dünnen Hilfslinien markieren. Den Rand maisgelb anmalen.

**2** Die Ecken für den Rollstempel abwinkeln. Dafür ein Stück Papier im 45°-Winkel an die Ecken des Fensterrahmens auslegen und das Papier anschließend mit Klebeband befestigen.

**3** Das Karomuster mit dem Stempel entlang des gelben Randes auftragen und dabei in einem Rollgang über das befestigte Papier rollen.

**4** Das Papier spiegelbildlich umklappen und den Stempel am unteren Rand entlang führen; dabei das Papier überdrucken.

**5** Dann mit dem roten Stempel mit Kirschmotiv ein gefällig verteiltes Muster-Ensemble auf die umliegende Wand drucken.

# Möbel & Zubehör

Gehen Sie niemals an einem Trödelladen vorbei, ohne hineinzuschauen. Das heißt nicht, daß die Stempeltechnik für neue Möbel ungeeignet wäre, sondern, daß das Auffrischen alten Trödels so dankbare Ergebnisse erbringt. Zudem werden Sie kaum mit einem brandneuen Stuhl Ihre ersten Versuche machen wollen, wenn auf Ihrem Speicher vielleicht noch Möbel herumstehen, die einer Behandlung wert wären.

Mit Emulsionsfarbe kann man Stempelmuster auf kahles oder bemaltes Holz drucken, wobei die Muster mit einer Lackschicht geschützt werden. Falls das Holz bereits vorher mit Lack oder einem Ölfarbenanstrich versehen wurde, braucht man die neue Glanzschicht nur mit Schmirgelpapier aufzurauhen, um das Dekor seiner Umgebung anzupassen.

Bei unserem Wandschrank machen wir auch von anderen Techniken Gebrauch: Der erste Anstrich wird mit Sternen bestempelt, neu überzogen, geschmirgelt und versiegelt. Das Ergebnis wirkt vielschichtig und wie von innen glimmend. Das neue Brett sah noch recht unscheinbar aus, bevor der Kartoffeldruck es zu einem Blickfang wandelte. Und wer hätte gedacht, daß ein Allerweltstisch, mit einem Gummistempel bedruckt, ein völlig neues Erscheinungsbild bietet?

Wie bei allen in diesem Buch beschriebenen Vorhaben müssen Sie sich nur an die Arbeit machen, um die Vielfalt der Einsatzmöglichkeiten dieser Technik zu erfahren. Es gibt wohl kaum eine Oberfläche, die nicht auf diese Weise dekoriert werden könnte. Mit welchem Objekt Sie auch immer beginnen wollen, haben Sie keine Angst, Fehler zu machen. Alles in allem benötigen Sie so wenig Zeit, daß Sie den Vorgang schnell noch einmal wiederholen können.

SAFETY HANDLE NEW ART BRUSH

# Motive auf Holz

Man kann für Holz fast alle Farben benutzen, auch wenn einige davon noch mit einer schützenden Lackschicht versiegelt werden müssen. Das gilt auch für neues Holz, bei dem Harz durch die Maserung sickert. Unten sehen Sie Beispiele für Gummi-, Schwamm- und Kartoffeldrucke mit mehreren Materialien. Beize, Lacke und Farben ergeben verschiedene Effekte, je nachdem, welchen Stempel Sie verwenden.

*Hier wurde Emulsionsfarbe mit einem Kartoffelstempel aufgetragen.*

*Dieser Abdruck besteht aus Emulsionsfarbe, aufgetragen mit einem Schwammstempel.*

*Hier wurde die Emulsionsfarbe auf einem Gummistempel aufgetragen.*

*Ein Beispiel für Holzfarbe, die mit einem Schwammstempel aufgetragen wurde.*

*Holzfarbe auf einem Gummistempel ergibt dieses Bild.*

*Dieser Abdruck zeigt Holzfarbe, die auf einen Kartoffelstempel aufgetragen wurde.*

*Hier wurde ein Gummistempel mit getöntem Lack behandelt.*

*Das Ergebnis eines Kartoffelstempels mit getöntem Lack.*

*Hier wurde rote Tinte mit einem Kartoffelstempel angebracht.*

# ABLAGE IM LANDHAUS-STIL

*Die einfache Form des Herzens wird in der Volkskunst seit alters verwendet. In unserem Vorhaben wurde der Umriß des Herzens auf einen hochdichten Schaumstoffblock gemalt. Der Stempel sieht dann wie ein vierblättriges Kleeblatt aus. Das kleinere Herz ist eine bewährte Form, die genau auf die Kanten der Stützen paßt. Die Hintergrundfarbe wurde in drei Schichten aufgetragen: die erste auf das rohe Holz, das anschließend mit einem feuchten Tuch abgerieben wurde, die zweite wurde auf die gleiche Weise behandelt; die letzte besteht aus einer etwas helleren Farbe. Nachdem das Regal trocken war, wurde es mit mittelfeinem Sandpapier geschmirgelt, um die der Maserung sichtbar zu machen.*

### MAN BRAUCHT

- *Pauspapier*
- *Bleistift*
- *Haftspray*
- *hochdichten Schaumstoff*
- *Skalpell*
- *Acryl- oder Emulsionsfarbe in Dunkelrot*
- *Teller*
- *Farbpinsel*
- *ein vorbehandeltes Regal wie oben beschrieben*

**1** Zeichnen Sie die Schablone von der Seite mit der Vorlage ab und kleben Sie das Muster auf den Schaumstoff. Nun schneiden Sie das Muster mit dem Skalpell aus.

**2** Das kleine Herz schneidet man durch Einschnitte entlang des Umrisses aus. Der Schaumstoff wird seitlich abgehoben und dann ganz abgeschnitten.

**3** Messen Sie mit dem großen Stempel die Zahl der Drucke, die auf den Regalrücken passen. Die entsprechenden Stellen werden mit Bleistift leicht markiert. Verteilen Sie eine Schicht dunkelrote Farbe auf einem Teller.

**4** Nehmen Sie mit dem Kleeblattstempel einen Testabdruck auf Papier vor, um sicherzugehen, daß der Stempel nicht zuviel Farbe aufgenommen hat (sie können die Farbe auch mit einem Pinsel auftragen). Orientieren Sie sich an den Bleistiftmarkierungen, drücken Sie den Stempel in die Farbe und machen Sie einen ersten Abdruck auf das Holz.

**5** Fahren Sie fort, bis die Kleeblattreihe vollendet ist. Das Ergebnis darf ruhig etwas uneben aussehen. Zu diesem rustikalen Möbelstück paßt ein unregelmäßiges Muster besser.

**6** Das Regal wird mit einer Reihe von kleinen Herzen entlang der Regalstützen bedruckt. Zum Schluß fügen Sie jeweils ein Herz zwischen die größeren Motive ein.

# BAUERNSTUHL-MOTIVE

*Alte Küchenstühle sind zwar bequem und urgemütlich, doch oft sehr einfach. Dieser Stuhl verdient nach seiner Verschönerung sicherlich mehr Aufmerksamkeit.*

*Mit wiederkehrenden Dekorationselementen können Sie ein Set von nicht zusammenpassenden Stühlen miteinander kombinieren. Das Bestempeln in den gleichen Farben macht sie nicht nur interessanter, sondern kostet Sie nur einen Bruchteil des Preises von neuen Stühlen. Sobald Sie die fünf Muster mit dem Skalpell ausgeschnitten haben, können Sie beginnen.*

**MAN BRAUCHT**

- *Emulsionsfarbe in hellem Blaugrau*
- *Farbpinsel*
- *Lineal*
- *Bleistift*
- *Acryl- oder Emulsionsfarbe in Rot, Weiß und dunkem Blaugrau*
- *Teller*
- *mittelfesten Schwamm (z.B. Küchenschwamm in den entsprechenden Formen aus dem Kapitel „Schablonen")*
- *matten Klarlack*

**1** Versehen Sie den Stuhl mit mindestens zwei Anstrichen heller blaugrauer Emulsionsfarbe und lassen Sie ihn trocknen. Für ein „verwittertes" Aussehen die Farbe anrauhen. Mit einem Lineal wird die Mitte der Rückenlehne bestimmt und mit einem Bleistiftstrich markiert.

**2** Verteilen Sie auf einem Teller eine gleichmäßige Schicht aus roter, weißer und dunkler blaugrauer Acryl- oder Emulsionsfarbe. Das Rautenmuster wird in die rote Farbe eingetaucht. Nach einem Probedruck können Sie es aufstempeln.

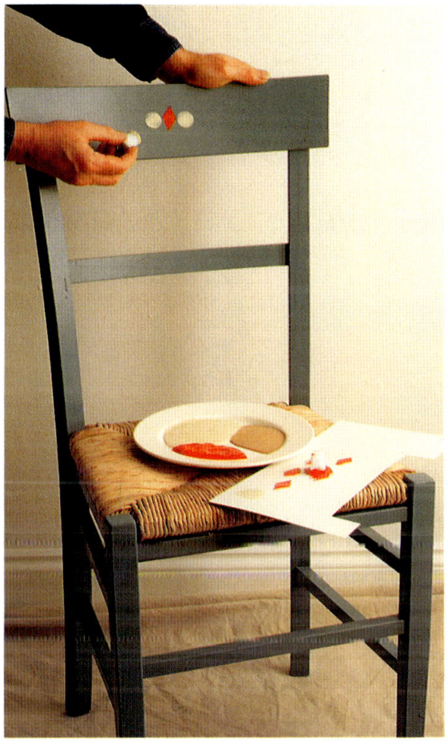

**3** Stempeln Sie einen weißen Kreis neben beide Seiten der Raute.

**4** Es folgen ein dunkelblaugraues Dreieck und schließlich ein roter Halbmond auf beiden Seiten.

**5** Der Rand der Lehne wird mit einem kleinen quadratischen Muster in dunklem Blaugrau bestempelt, wobei die Quadrate auf der Spitze stehen.

**6** Drücken Sie dunkle blaugraue Quadrate auf den Querbalken des Stuhlrückens. Füllen Sie die Lücken im Muster auf der Stuhllehne und auf dem Querbalken mit weißen Quadraten aus.

**7** Ein Sägezahn-Muster ergibt sich, wenn Sie dunkle Dreiecke mit der Spitze nach außen auf die Träger drucken.

**8** An den Schnittpunkten der Stuhlbeine mit dem Querstreben stempeln Sie rote Kreise. Darüber und darunter setzen Sie die Dreiecke mit den Spitzen nach außen. Ein paar dunkelblaugraue und weiße Quadrate auf die unteren Querbalken drucken. Zum Schluß wird der Stuhl mit einer Schutzschicht aus mattem Klarlack überzogen.

# STERNEN-SCHRANK

*Dieser dekorative kleine Schrank überzeugt, sobald er fertig ist.
Den Eindruck von Betagtheit erhielt er mit nachdunkelndem Lack und dem stellenweisen Verwischen der Konturen mittels eines Lappens.
Es dauerte nur einen Nachmittag, bis der Schrank fertig war. Diese Dekorationstechnik ist so einfach, daß Sie die Veredelung auch anderer Möbelstücke in Betracht ziehen können.*

**MAN BRAUCHT**

- *Wandschrank aus Holz*
- *Emulsionsfarbe in Olivgrün, Weißgelb und Zinnoberrot*
- *Farbpinsel*
- *2 Teller*
- *mittelfesten Schwamm (z.B. Küchenschwamm in den entsprechenden Formen aus dem Kapitel „Schablonen")*
- *PVA-Leim*
- *Mattlack in Holzfarbe*
- *Lappen*

**1** Überziehen Sie den Schrank mit einer Schicht olivgrüner Emulsionsfarbe und tragen Sie dann eine zweite Schicht auf, wenn es nötig ist.

**2** Die weißgelbe Emulsionsfarbe wird auf einem Teller verteilt. Das Sternenmuster tauchen Sie dann in die Farbe und bedrucken den Schrank mit Sternen, die dicht nebeneinander stehen.

**3** Rühren Sie zwei Drittel Zinnoberrot mit einem Drittel PVA-Leim an. Streichen Sie den Schrank mit dieser Mischung großzügig über.

**4** Der Schrank wird zum Schluß mit einer Schicht getöntem Lack überzogen, der dann mit einem Lappen an einigen Stellen der Sterne entfernt wird.

# EIN LUSTIGER SCHLÜSSELSCHRANK

*Wenn Sie einen ausgeprägten Sinn für das Komische haben, wird Ihnen dieser Vorschlag gefallen. Die Idee ist, drei aus dem Zusammenhang gerissene Bilder zu einem „verrückten" Motiv zusammenzustellen. Unsere Wahl fiel auf drei Tänzer unter einem großen altertümlichen Wasserhahn, die von Sternen umrandet werden.*

*Der Holzschrank wurde zunächst mit weißer Grundierfarbe gestrichen, bevor die Stempel mit dunkelblauer Tinte aufgedruckt wurden. Ein kleiner Schwamm besorgte zuletzt die gelben Streifen entlang des Motivs.*

## MAN BRAUCHT

- *kleinen Schlüsselschrank*
- *Weiße Holzgrundierfarbe*
- *Farbpinsel*
- *Auswahl von Stempeln*
- *marineblaues Permanent-Stempelkissen*
- *Stück Schmierpapier*
- *Skalpell*
- *feinen Künstlerpinsel*
- *Wasserfarben*
- *matten Klarlack (nach Belieben)*
*mittelfeines Sandpapier*

**1** Tragen Sie die weiße Grundierfarbe in zwei Schichten, mit genügend Zeit zum Trocknen, auf das unbehandelte Holz des Schlüsselschranks auf.

**2** Die Motive werden zunächst auf ein Stück Papier gestempelt und ausgeschnitten. Legen Sie mit ihnen die Position des Motivs fest.

**3** Ist die Frage des Layouts geklärt, die Motive direkt auf den Schrank stempeln. Dafür die Papierstücke als Richtschnur nehmen und vor dem Druckvorgang im letzten Moment entfernen.

**4** In jede Ecke der Schranktür läßt sich ein kleiner Stern stempeln.

**5** Jetzt werden die Einzelheiten mit feinem Pinsel und mit Wasserfarben ausgemalt.

**6** Tragen Sie die Farben nacheinander auf und malen Sie das Bild aus.

**7** Wenn alle Feinarbeiten ausgeführt sind, lassen Sie das Ganze trocknen. Nun verteilen Sie mit einem kleinen Schwamm gelbe Wasserfarbe über den Schrank. Die Mitte bleibt frei.

▼ *Um ein schnelleres Ergebnis zu erzielen, lassen Sie die Einzelheiten und den Hintergrund unbemalt. Die Zusammenstellung von Blau und Weiß wirkt kühler als die leuchtenden Grundfarben es tun.*

**8** Nachdem alles getrocknet ist, wird die gelbe Farbe leicht mit Schmirgelpapier abgerieben. Sie können die Oberfläche auch noch mit klarem Lack versiegeln.

# Ein neues Wandbrett

*Die Technik bei diesem Vorschlag beherrschen schon die Vorschüler. Und doch ist das Ergebnis ein raffiniertes Innendekor. Das Motiv wird in die Hälfte einer Kartoffel geschnitten. Man trägt dann alle Farben zugleich auf, um in einem Zug drucken zu können. Durch die geschickte Zusammenstellung von Farben und Mustern gewinnt dieses Motiv auch an räumlicher Tiefe.*

**Man braucht**

- ♦ *Lineal*
- ♦ *Kartoffel*
- ♦ *Filzstift*
- ♦ *Skalpell*
- ♦ *Messer*
- ♦ *Gouache-, Plakat- oder Acrylfarbe in Rot, Hellblau, Dunkelblau, Grün und Gelb*
- ♦ *Farbpinsel*

**1** Messen Sie zunächst die Breite der Regalkante aus und schneiden Sie eine Kartoffel entsprechend zu. Darauf übertragen Sie dann die Musterformen. Mit dem Skalpell ritzen Sie die Umrisse ein, mit einem Messer entfernen Sie den Hintergrund.

**2** Wenn Sie wollen, können Sie die Farben vorher abmischen. Tragen Sie jede Farbe mit dem Pinsel auf die einzelnen Segmente des Motivs auf.

**3** Beginnen Sie mit der Kante, die an die Wand grenzen wird.

**4** Tragen Sie das Muster entlang des gesamten Bretts auf.

# FUSSBANK MIT FISCHMUSTER

*Dieser mit einem „Fliegender-Fisch"-Motiv dekorierte Schemel wird sich in Ihrem Badezimmer oder auf der Veranda gut als Ablage für Getränke eignen. Er kann aber auch ganz einfach als Fußbank benutzt werden. Jeder kleine Hocker, der wie von Hand gefertigt aussieht, eignet sich für eine Auffrischung. Die Fisch- und Randmotivblöcke werden aus hochdichtem Schaumstoff geschnitten. Die hell- und dunkelblauen Muster sollen an Batikdrucke aus Bali erinnern.*

## MAN BRAUCHT

- *kleinen Hocker*
- *Emulsionsfarbe in Dunkelblau, Hellblau und Weißgelb*
- *Farbpinsel*
- *Pauspapier*
- *Bleistift*
- *Skalpell*
- *Haftspray*
- *hochdichten Schaumstoff (z.B. Schaumpolster)*
- *Schmierpapier*
- *Teller*

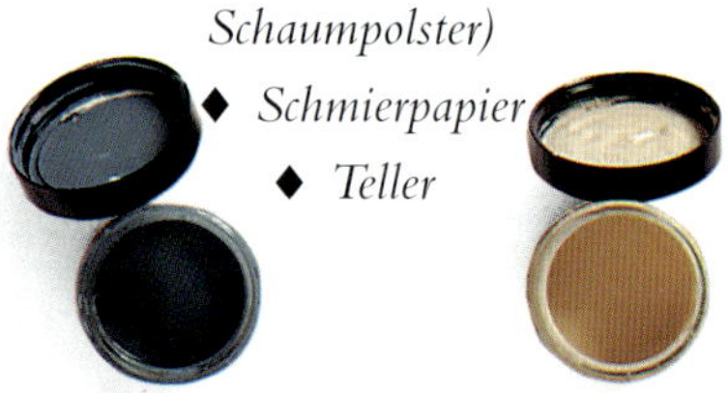

**1** Versehen Sie den Hocker mit zwei Schichten dunkelblauer Farbe und lassen Sie ihn trocknen. Nachdem Sie die Musterformen aus dem Kapitel „Schablonen" gepaust, übertragen, ausgeschnitten und leicht mit Haftspray besprüht haben, kleben Sie diese auf den Schaumstoff.

**2** Wenn Sie die Umrisse mit dem Skalpell eingeritzt und die Einzelheiten des Musters ausgehoben haben, drucken Sie fünf Fischmuster auf Papier, schneiden diese aus und legen damit die Position fest.

**3** Sodann verteilen Sie etwas hellblaue und weißgelbe Farbe auf einem Teller. Mit einem Pinsel wird die weißgelbe Farbe auf die obere Hälfte, die hellblaue Farbe auf die untere Hälfte des Fisches aufgetragen.

**4** Mit den Papiermustern als Orientierungspunkten können Sie jetzt die Fischstempel mit beiden Farben zugleich leicht auf die Oberfläche des Hockers drücken.

**5** Der Stempel für den Rand wird mit weißgelber Farbe übermalt. Der Rand verläuft absichtlich etwas unruhig. Die Kanten sollten daher nicht zu sauber abschließen.

# ÄGYPTISCHE TISCHPLATTE

*Das Einfachste ist manchmal auch das Schönste. Bei dieser Tischplatte bildet der ebene, dunkelblaue Untergrund den notwendigen Kontrast für die in Reih' und Glied stehenden lachsfarbenen Bilder von gleicher Größe.*

*Wir haben drei vorgefertigte Stempel mit altägyptischen Hieroglyphen als Motive gewählt. Der fertige Tisch kann zum Blickfang eines Zimmers werden, das in gedeckten Farben eingerichtet ist, oder Sie stellen ihn in einen Raum mit historischen Einrichtungsgegenständen.*

### MAN BRAUCHT

- *3 Gummistempel mit Hieroglyphen*
- *Lineal*
- *2 Pappstreifen zum Ausmessen der Stempelpositionen*
- *Filzstift*
- *Zeichendreieck*
- *lachsfarbene Emulsions- oder Acrylfarbe*
- *kleinen Farbroller*
- *Stück Pappe oder Plastik*

**1** Verwenden Sie die Stempel und ein Lineal, um die Positionen auszumessen. Mit einem Pappstreifen läßt sich die Zahl der Reihen, die auf den Tisch passen, in vertikaler Richtung festlegen. Wichtig ist, daß die Abstände gleich groß sind. Der zweite Streifen dient zur Festlegung der Stempelbreite.

**2** Legen Sie den zweiten Streifen in horizontaler Richtung auf den Tisch und markieren Sie damit die erste Reihe. Benutzen Sie ein Zeichendreieck, um den zweiten Streifen im rechten Winkel auszurichten. Verschieben Sie den Streifen mit dem Fortgang Ihrer Arbeit.

**3** Die Farbe auf einem Stück Pappe oder Plastik verteilen. Färben Sie die Rolle ein und drucken Sie abwechselnd die Motive, bis die erste Reihe komplett ist. Orientieren Sie sich an Ihren vorher angebrachten Markierungen auf dem Pappstreifen.

**4** Die horizontale Hilfslinie wird um eine Stempellänge nach oben verschoben und eine zweite Motivreihe gedruckt. Wieder stößt der obere Stempel an die untere Kante des horizontalen Pappstreifens. Überprüfen Sie, daß die beiden Pappstreifen in einem 90°-Winkel zueinander liegen. Fahren Sie in der beschriebenen Weise fort, bis das Muster die gesamte Tischplatte bedeckt.

# STOFFE

Die Verwendung VON Gummi- oder Schaumstoffstempeln für das Bedrucken von Stoffen ist nicht neu. In kleinen ländlichen Gemeinschaften werden Textilien vielfach auch heute noch mit der Hand bedruckt.

Es gilt, beim Bestempeln einige wenige Regeln zu beachten: Man sollte die Textilien vorher waschen, stets beständige Tinten benutzen (einige müssen hitzeversiegelt werden) und immer eine Verstärkung zum Schutz unter den Stoff legen. Einige Stoffe sind spezialbehandelt und nehmen deshalb keine Tinte auf. Sehr lockere Gewebe oder filzige Materialien sind ungeeignete Stoffarten. Weichspüler und Stärke beeinträchtigen die Druckqualität der Tinte. Sie sollten sie bei der Vorwäsche daher nicht verwenden.

Es gibt Stofftinten, die ausdrücklich für Gummistempel vorgesehen sind und die Sie in Stempelkissen oder Flaschen bekommen. Es ist nicht unbedingt notwendig, Stoffarbe zu benutzen, wenn man mit Schaumstoff- oder Kartoffelstempeln arbeitet. Auf jeden Fall muß die Haltbarkeit jeder anderen Farbe feststehen.

Auch die Konsistenz ist wichtig: Zu flüssige Stofffarbe wird Ihnen beim Drucken verlaufen. Farbe, die zu trocken ist oder zu schnell trocknet, wird vom Stoff nicht aufgenommen und blättert deshalb ab. Der Vorteil spezieller Stofftinten ist, daß ihre Konsistenz auf diesen Zweck hin abgestimmt ist.

Eine weitere Methode des Bedruckens von Stoff besteht darin, die Muster auf Papier zu stempeln und mit einem heißen Bügeleisen auf den Stoff zu übertragen. Umdrucktinte gibt es in vielen Farben. Diese Vorgehensweise eignet sich gut für kleine Vorhaben, würde aber bei größeren Stoffmengen wie Gardinen zur Ermüdung führen, da sie doppelte Arbeit bedeutet und der ganze Vorteil des Stempelns – das im Nu erzielte Ergebnis – damit hinfällig würde.

# MOTIVE AUF STOFFEN

Es gibt viele Stofftinten, die sich zum Stempeln eignen. Die beiden Haupttypen sind Tinten, die direkt auf den Stoff, und solche, die zunächst auf Papier gestempelt und dann durch Hitze auf den Stoff übertragen werden. Die in diesen Beispielen verwendeten Tinten wurden alle direkt aufgestempelt. Die Verwendung von Umdrucktinte zeigt Ihnen der Pfadfinderschal.

Obwohl sie alle mit Stofftinte hergestellt wurden, sind einige Stempeldrucke gelungener als andere. Doch alle haben eine unverwechselbare Wirkung.

*Ein Stempel aus hochdichtem Schaumstoff wurde mit zwei Farben eingefärbt.*

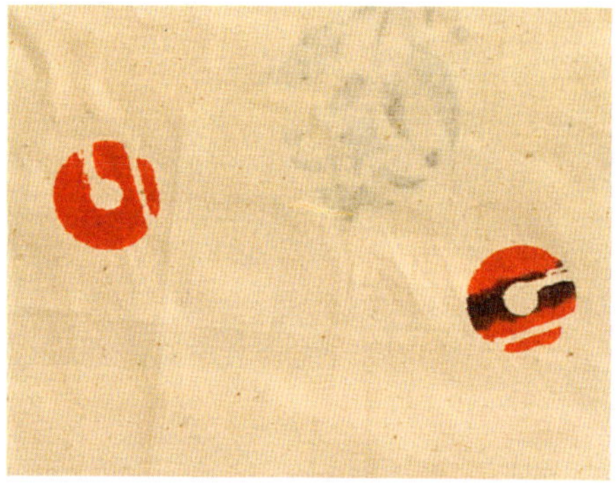

*Diese Drucke wurden mit hohlen Weinkorken hergestellt.*

*Ein hochdichter Schaumstoffstempel, nur mit einer Farbe getränkt.*

*Hier hat der hochdichte Schaumstoffstempel blaue Wellen und rote Tupfen bekommen.*

*Eine Bourbonen-Lilie, die mit einem hochdichten Schaumstoffstempel und roter Stofftinte angefertigt wurde.*

*Diese Kreise von Kartoffelstempeln ergeben ein zweifarbiges, unregelmäßiges Muster.*

*Der Abdruck eines Kartoffelstempels.*

*Ein Schwammstempel, zweifarbig.*

*Abdruck eines Gummistempels.*

# HERBSTMOTIV AUF BETTLEINEN

*Bettgarnituren selbst zu verzieren, ist ein Stück Lebensart. Die weißen Kopfkissenbezüge haben am Rand ein fortlaufendes Dekor aus Roßkastanien- und Blattmustern. Wenn Sie das Bettlaken zurückschlagen, wird das gleiche Muster sichtbar. Weiche Baumwolle mit glatter Borte läßt sich himmlisch leicht bearbeiten. Die Stempel folgen dem Verlauf der Naht und der Stoff nimmt die Tinte so auf, daß sich ein sehr klarer Druck ergibt.*
*Die Stoff-Stempeltinte eignet sich aber auch für Bettücher aus Mischfasern.*

**MAN BRAUCHT**

- *Gummistempel*
- *Stoff-Stempeltinte in Dunkelgrün und Blau*
- *Stück Papier*
- *Schere*
- *Bettuch und Kopfkissenbezug*
- *Stück dünne Pappe*

**1** Machen Sie mehrere Abdrucke von Ihrem Motiv auf Papier und schneiden Sie diese aus. Plazieren Sie das Muster auf die Naht oder den Rand des Bettuchs und legen Sie Ort, Anzahl sowie Abstand der Drucke fest.

**2** Ein Stück Pappe unter dem Stoff oder im Kopfkissenbezug wird verhindern, daß die Tinte durchfärbt.

**3** Entsprechend den Herstellerhinweisen tragen Sie grüne Tinte auf die eine Hälfte des Stempels auf.

**4** Die blaue Tinte streichen Sie auf die restlichen freien Flächen des Stempels.

**5** Die Verteilung der Tinte läßt sich mit einem Testdruck auf einem Stück Papier überprüfen. Sie sollten den Test solange wiederholen, bis Sie sich sicher sind, daß Sie den ersten Druck auf dem Stoff wagen wollen.

**6** Überprüfen Sie den Stand Ihrer Papiermuster. Nehmen Sie jeweils eines weg und pressen Sie den Stempel an diese Stelle. Damit der Stoff Zeit hat, die Tinte aufzunehmen, recht kräftig und lange aufdrücken.

**7** Im Fortgang Ihrer Arbeit müssen Sie den Stempel immer wieder neu einfärben und den Druck testen. Auf diese Weise werden Sie ein komplett bedrucktes Bettleinen-Set anfertigen. Folgen Sie den Vorschriften des Herstellers, um die Tinte beständig zu machen.

# VORHANG MIT STERNEN-MUSTER

*Besonders wenn man nicht gern näht, läßt sich eine schnellere und stilvollere Form der Fenstergestaltung kaum denken. Wenn der Musselin schön fällt, scheint das Sternenmuster durch die Drapierung. Unser Motiv wurde aus einem mittelfesten Schwamm geschnitten. Er absorbiert gut, und so kann man mehrere Drucke ausführen, bevor er erneut eingefärbt werden muß.*

*Sie können für dieses Vorhaben auch goldene Stoffarbe benutzen. Aber leuchtender und glitzernder fällt das Ergebnis aus, wenn Sie ein Gemisch aus Bronzepulver, PVA-Leim und Wasser herstellen.*

## MAN BRAUCHT

- *Bleistift*
- *Pauspapier*
- *Skalpell*
- *Haftspray*
- *Filzstift*
- *mittelfesten Schwamm (z.B. Küchenschwamm)*
- *Schüssel*
- *PVA-Leim*
- *Bronzepulver*
- *Farbpinsel*
- *Teller*
- *Bogen Papier in der Breite des Stoffes*
- *butterweißen Musselin*

**1** Das Muster aus dem Kapitel „Schablonen" abpausen, übertragen und ausschneiden. Es wird mit Haftspray auf den Schwamm geklebt. Mit dem Filzstift den Umrissen folgen.

**2** Um die Form mit einem Skalpell auszuschneiden, müssen Sie um die Umrisse herumschneiden, dann den Schwamm leicht seitlich ablösen und ganz durchschneiden.

**3** Rühren Sie die Goldfarbe in einer Schüssel an. Auf zwei Löffel PVA-Leim einen Löffel Wasser und einen halben Löffel Bronzepulver geben.

Ob Sie große oder kleine Mengen herstellen – halten Sie die Gewichtungen ein. Die Goldfarbe gleichmäßig auf einem Teller verteilen.

**4** Das Papier wird unter den Musselin gelegt. Ein Testdruck stellt sicher, daß der Schwamm nicht zuviel Farbe hat. Danach können Sie den ersten Stern etwas abseits der Stoffecke aufdrucken. Die Position des nächsten mit 3-4 Fingerbreiten festlegen.

**5** Gehen Sie auf diese Weise in die zweite Reihe und drucken Sie die Sterne versetzt zwischen die beiden unteren. Fahren Sie auf gleiche Weise fort, bis der Stoff mit Sternen in gleichmäßigen Abständen bedeckt ist.

# KATTUN-VORHÄNGE

*Ungebleichter Kattun hat eine schöne cremige Farbe, vor allem dann, wenn die Sonne hindurchscheint. Trotzdem verbindet man mit Kattun für gewöhnlich seine Funktion als Bezugsstoff für Polstermöbel. Dieser aufgestempelte Blumenzweig erhebt den bescheidenen Kattun zu neuer Wirkung. Kattun läuft ein und sollte deshalb, bevor er bestempelt wird, gewaschen werden. Wie Sie Linolstempel herstellen, zeigt Ihnen die Einleitung des Buches. Das verwendete Muster befindet sich im Kapitel „Schablonen".*

**MAN BRAUCHT**

- *Kattunstoff*
- *Linolstempel*
- *Schmierpapier*
- *Stoffstempeltinte in Grün und Dunkelblau*
- *Skalpell*
- *Lineal*
- *Pappe*
- *Bleistift*

**1** Der Stoff wird auf einer glatten Oberfläche, z.B. einem Tapeziertisch, ausgebreitet. Fertigen Sie mehrere Papierabdrucke mit dem Linolstempel an und schneiden Sie diese aus, um die späteren Positionen zu probieren.

**2** Entscheiden Sie sich für einen einheitlichen Abstand zwischen den einzelnen Mustern. Ein Pappquadrat mit den entsprechenden Abständen ausschneiden und als Meßhilfe für den gesamten Vorgang verwenden. ➤

**3** Auf die Ränder des Linolstempels wird grüne Tinte aufgetragen.

**4** Ebenso den mittleren Bereich des Stempels mit dunkelblauer Tinte einfärben. Ein Probedruck auf einem Stoffetzen zeigt die Dichte der Farbe.

▲ *Kattun-Raffbänder können Sie passend zum Vorhang gestalten. Wenn Sie das Raffband vor dem Stempeln fertig nähen, fällt Ihnen die Anordnung des Musters leichter.*

**5** Legen Sie den Stempel an den vorgenommenen Bleistiftmarkierungen an und drucken Sie den Blumenzweig auf den Kattun. Der Stempel wird dabei leicht und ein paar Sekunden lang aufgedrückt, damit sich die Tinte auf den Stoff übertragen kann. Nehmen Sie sich dazu ausreichend Zeit. Das Ergebnis wird Sie dafür entschädigen.

# TISCHDECKE MIT STERNEN

*Diese Gummistempel eignen sich hervorragend dazu, Ihrem Eßtisch mit einfachen Mitteln eine vornehme Ausstrahlung zu verleihen.*
*Die hier gewählte Tischdecke hat eine bogenförmig verzierte Kante, die das Festlegen der Abstände zwischen den Stempeldrucken erleichtert: Man zählt nämlich die einzelnen Bögen einfach zusammen und entscheidet sich dann beispielsweise dafür, jeden dritten Bogen zu bestempeln. Wählen Sie eine gerade verlaufende Tischdeckenkante, so messen Sie Länge und Breite der Tischdecke sowie die Größe des Stempels aus, um die Anzahl der Drucke festzulegen.*

## MAN BRAUCHT

- *Tischdecke und Servietten*
- *große und kleine Gummistempel*
- *Stoffstempeltinte in Marineblau*

**1** Die Anordnung der Motive mit Hilfe einer der oben beschriebenen Methoden planen. Danach den kleineren Stempel mit Stofftinte einfärben und auf einem Stück Stoff den Testdruck machen.

**2** Als ersten Druck einen kleinen Stern in eine Ecke stempeln.

**3** Neben beide Seiten des kleinen Sterns jeweils einen großen setzen; in diesem Wechsel das Drucken fortsetzen.

**4** Ein Quadrat aus vier kleinen Sternen ca. 10cm über der ersten Reihe (je nach Größe der Tischdecke) stempeln. Dann ein weiteres Quadrat aus vier großen Sternen ca. 10cm näher zur Mitte zu stempeln. Die einzelnen Sternquadrate und die Sternborte sollen dabei ein harmonisches Gesamtbild ergeben.

◄ *Die Schmuckkanten mit den Sternen verleihen dem Eßzimmer bzw. dem Tisch einen zeitgemäßen Look.*

# IM AFRIKANISCHEN STIL

*Dieses Kopfkissenset ist ein wahres Meisterwerk der Stempelkunst. Die Motive mit den Fabeltieren erzeugen ein afrikanisches Flair.*
*Die Stempel eignen sich hervorragend dazu, ein fein aufeinander abgestimmtes, aber nicht völlig identisches Kopfkissenset herzustellen.*
*Die Bezüge sind aus einfachem Stoff hergestellt, der mit satten Pflanzenfarben eingefärbt wurde.*

### MAN BRAUCHT

- *Stoffstempeltinte in Schwarz*
- *3 Gummistempel*
- *Kopfkissenbezüge aus leichtem Gewebe*
- *Bogen Pappe*

**1** Die Stofftinte direkt aus der Flasche auf den Stempel geben und dann einen Testdruck auf einem Stück Papier machen.

**2** Anschließend einen Bogen Pappe in den Bezug legen, um die andere Seite des Stoffs zu schützen.

**3** Den Stempel erneut einfärben und eine Reihe kleiner Motive auf die Kanten stempeln, um so eine Borte zu kreieren.

**4** Dann eine Reihe mit größeren Motiven im gleichen Abstand über die Borte stempeln. Setzen Sie auf diese Weise in harmonischer Abfolge alle drei Stempel ein, um das Kopfkissen-Design zu vollenden. Die Stempel auf den restlichen Kopfkissenbezügen können Sie z.B. strahlenförmig anordnen.

# PFADFINDER-SCHAL

*Anfänger tun sich mit dem Bedrucken von Stoffen beim ersten Mal oft schwer. Diese Methode des Stoffdrucks ist denkbar einfach. Sie ermöglicht es Ihnen, das Stempeln vorzunehmen, bevor es an den zu bearbeitenden Stoff geht. Denn die Stempel werden mit Stoffumdruckfarbe versehen und die Muster zunächst auf Papier übertragen. Dieses Papier wird dann mit der Motivseite nach unten auf den Stoff gelegt, und mit einem heißen Eisen bügeln Sie die Motive in den Stoff ein. Nach Entfernen des Papiers wird das Design spiegelbildlich auf den Stoff übertragen worden sein.*
*Bleiben Sie trotzdem skeptisch, versuchen Sie sich zunächst an einem billigen Synthetikstoff.*

**MAN BRAUCHT**

- *Schal aus Synthetikstoff*
- *dünnes weißes Papier*
- *Schere*
- *3 verschiedene Gummistempel*
- *Umdruck-Stempelkissen in Rot, Blau und Grün*

**1** Die Breite des Schals ausmessen und Papierstreifen in der gleichen Länge ausschneiden. Dann auf jeden Papierstreifen einen Musterrand mit zwei verschiedenen Stempeln drucken.

**2** Danach ein Stück Papier ausschneiden, das in den mittleren Bereich des Schals paßt, und mit dem dritten Stempel ein großflächig angeordnetes Muster aufstempeln.

**3** Das bestempelte Papier mit der Motivfläche nach unten entlang der Schalränder auflegen.

**4** Dann mit einem trockenen Bügeleisen leichten Druck auf das Papier ausüben. Was die Bügeltemperatur angeht, folgen Sie den Empfehlungen des Herstellers.

**5** Schließlich das zentrale Motiv auf gleiche Weise mit dem Bügeleisen übertragen.

# Porzellan & Glas

Beim Aufstempeln eines Motivs erhält man jedes Mal das gleiche Druckbild. So können Sie planen und aufeinander abgestimmte Geschirr- oder Glaswarensets im voraus entwerfen.

Es gibt auf dem Markt mehrere Farbarten für Porzellan und Glas, die für die Arbeit zu Hause bestimmt sind. Diese Farben müssen nicht bei hohen Temperaturen in Brennöfen gebrannt werden. Die Farbe kann aber widerstandsfähiger gemacht werden, indem sie in einem gewöhnlichen Küchenofen gebrannt wird. Der einzige Nachteil ist, daß solche Farben nicht mit Lebensmitteln in Berührung kommen sollten. Deshalb sollte man den Trinkrand eines Glases oder einer Tasse nicht bemalen. Wenn Sie ein Teeservice bedrucken wollen, empfehlen wir Ihnen, den Anweisungen des Herstellers zu folgen oder diesem Service eine rein dekorative Funktion zu geben.

Keramikfarben oder acrylsaure Emaille schaffen gute, lebendige und deckende Drucke, die besonders schön auf klarem Glas wirken. Viele Nahrungsmittel werden in Glasbehältern aufbewahrt. Das Stempeln ist deshalb vorzüglich dazu geeignet, die langweiligen Einmachgläser in hübsche Küchenaccessoires zu verwandeln.

Wenn Sie vorhaben, Badezimmer oder Küche mit Fliesen auszulegen, werden Sie vielleicht wissen, wie teuer handbedruckte Fliesen im allgemeinen sind. Fliesen können aber auch von Ihnen dekoriert und im Ofen gebrannt werden. Spezielle Farben und Stempel bieten Ihnen im Fachhandel eine reiche Auswahl.

Solche Vorhaben sind nur der Anfang. Haben Sie einmal all die Möglichkeiten der Gestaltung von Glas- und Porzellanwaren erkannt, kann Sie nichts mehr aufhalten …

# MOTIVE AUF KERAMIK UND GLAS

Unterschiedliche Oberflächen bringen verschiedene Farbqualitäten hervor. Die Stempelart hat ebenfalls großen Einfluß auf das Druckergebnis. Um die verschiedenen Effekte zu illustrieren, haben wir ein und dasselbe Motiv mit Gummi-, Schaumstoff- und Kartoffelstempeln gedruckt. Sie wurden mit verschiedenen Tinten, Farben und Färbemitteln eingefärbt. Weitere Experimente führen gelegentlich zu überraschenden Erfolgen.

*Der linke Druck auf dem Rand wurde mit einem mit Emulsionsfarbe eingefärbten Schwamm angefertigt.*

*Der Druck in der Mitte des Topfes wurde mit einem mit Holzfarbe eingefärbten Schwamm angefertigt.*

*Der Druck in der Mitte des Topfes wurde mit einem mit getöntem Lack eingefärbten Gummistempel angefertigt.*

*Der mittlere Druck auf dem Topfrand wurde mit einem mit Emulsionsfarbe eingefärbten Gummistempel angefertigt.*

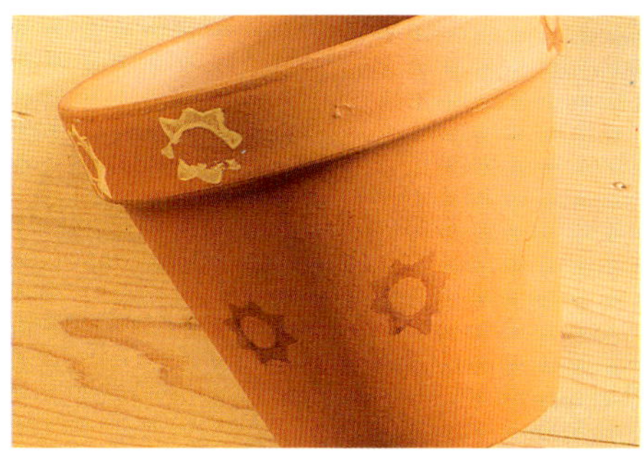

*Der Druck in der Mitte des Topfes wurde mit einem mit Holzfarbe eingefärbten Kartoffelschnitt angefertigt.*

*Der mittlere Druck auf dem Topfrand wurde mit einem mit getöntem Lack eingefärbten Kartoffelschnitt angefertigt.*

*Diese Drucke wurden mit acrylsaurer Emulsionsfarbe angefertigt – mit einem Kartoffelschnitt (l.), einem Schwamm (r.) und einem Gummistempel (u.).*

*Dieser Druck wurde mit einem spiralförmigen Schaumstoff in Emulsionsfarbe angefertigt; anschließend mit schützender Klarlackschicht überzogen.*

*Diese Drucke wurden mit acrylsaurer, mit Klarlack verdünnter Emaillefarbe angefertigt – mit einem Schwamm (l. o.), Kartoffelschnitt (l. u.) und Gummistempel (r.).*

## Motive auf Fliesen

Dies ist nur eine kleine Auswahl der Ergebnisse, die beim Bestempeln von Fliesen erzielt werden können. Es ist ratsam, stets acrylsaure Emaillefarben zu verwenden. Wenn möglich, sollten die Fliesen dekoriert werden, bevor sie an die Wand gebracht werden, damit man sie im Ofen brennen und widerstandsfähiger machen kann. Was die Brennzeit und -temperatur angeht, sollten Sie den Empfehlungen des Herstellers folgen.

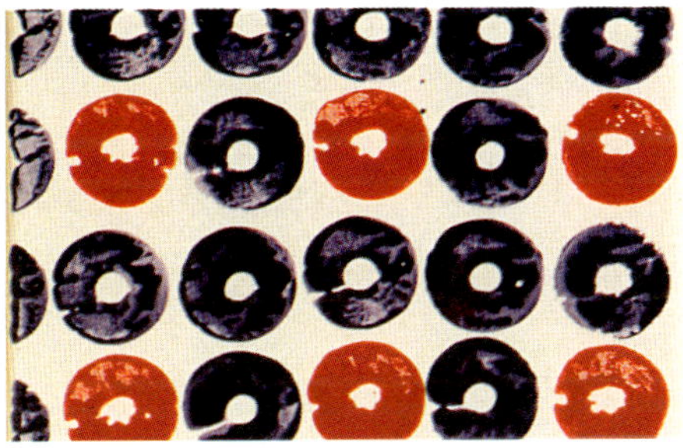

*Diese kleinen Kreise wurden mit ausgeschnittenen Weinkorken angefertigt, die in rote und blaue Farbe getaucht und in Reihen gedruckt wurden.*

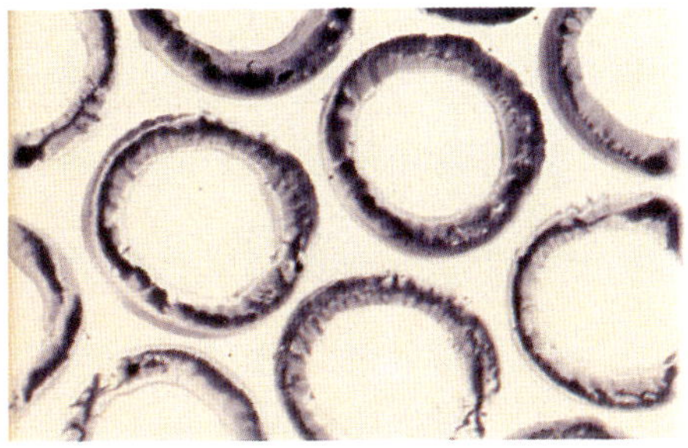

*Diese größeren Kreise wurden mit einem Kartoffelschnitt angefertigt. Der Eindruck der Transparenz entsteht durch das Stärkemehl, das der Farbe beigegeben wurde.*

*Dieser Druck wurde mit einem in eine bestimmte Form geschnittenen mitteldichten Schwamm angefertigt. Das körnige Aussehen ist auf die Dichte des Schwamms zurückzuführen.*

*Dieses Muster wurde mit kleinen Gummistempeln erreicht. Das Zick-Zack-Muster ist hübsch für die Gestaltung eines Randes.*

*Dieses Herz wurde aus einem mitteldichten Schwamm ausgeschnitten. Die Oberflächentextur wirkt opak und „pudrig" zugleich.*

*Dieses buntkarierte Muster wurde mit hochdichten Schaumstreifen angefertigt, die in Rot und Blau getaucht wurden. Die Dicke der Streifen kann variiert werden.*

*Um dieses Schachbrettmuster zu drucken, wurde ein kleines Schaumstoffquadrat verwendet. Dieses Muster ist recht zeitaufwendig, aber sehr wirkungsvoll.*

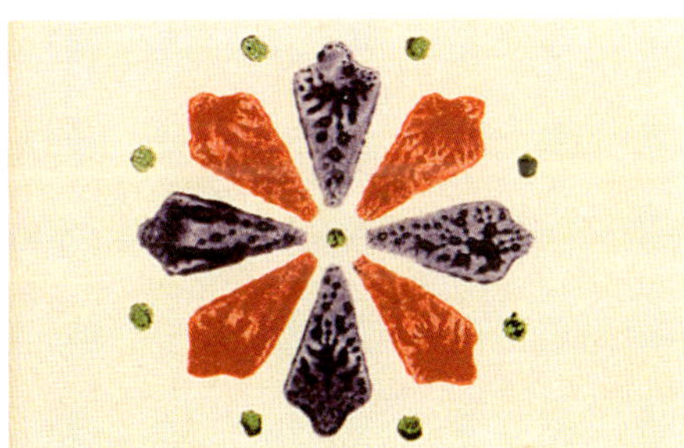

*Dieser hochdichte Schaumstoff wurde mit einem Pinsel eingefärbt, um einen dreifarbigen Druck herstellen zu können. Diese Drucke sind in Kombination mit einfarbigen Stempeldrucken besonders schön.*

*Dieser in verschiedenen Farben bedruckte Rand wurde mit einem mitteldichten Schaumblock angefertigt. Die Kanten müssen sorgfältig angepaßt werden, um die bestmögliche Wirkung zu erzielen.*

# Fliesen mit Lilienblumen

*Dieses heraldische Motiv erfreut sich seit kurzem erneut großer Beliebtheit und schmückt Teppiche, Vorhänge, selbst Eßteller und Keksdosen. Das Motiv hat seinen Ursprung im zwölften Jahrhundert, als der französische König Ludwig VII. es zu seinem Kreuzzugssymbol erkor.*
*Die Lilienblume wurde aus hochdichtem Schaumstoff geschnitten und mit acrylsaurer Emaillefarbe eingefärbt. Die Farbe kann nach den Empfehlungen Ihres Herstellers in einem herkömmlichen Ofen gebrannt werden. So kann die Farbe mit einer milden Reinigungslösung abgewaschen werden.*

**Man braucht**

- *Pauspapier*
- *Bleistift*
- *Haftspray*
- *hochdichten Schaumstoff (z.B. Schaumpolster)*
- *Skalpell*
- *acrylsaure Emaillefarbe*
- *Teller*
- *Farbpinsel*
- *glatte, weiße Fliesen*

**1** Die Musterformen aus dem Kapitel „Schablonen" abpausen, übertragen und dann mit Haftspray besprühen; danach auf den Schaumstoff kleben.

**2** Dann mit einem Skalpell die Umrisse der Lilienblume einschneiden und den Hintergrund ausheben.

**3** Die Ecken des Schaums wegschneiden, so daß der Block den Umriß des Motivs hat. Dies macht das spätere Anordnen leichter.

**4** Eine Schicht schwarze Farbe gleichmäßig auf einem Teller verteilen und genug blaue Farbe dazumischen, um die Farbe aufzuhellen.

**5** Den Schaumblock in die Farbe tauchen und einen Testdruck auf einem Stück Papier machen, um sicherzustellen, daß der Stempel nicht mit Farbe überladen ist.

**6** Den Stempel auf die Mitte der Fliese in der Diagonalen positionieren und leicht andrücken, um den Druck auszuführen.

**7** Damit der Druck nicht verschmiert, den Stempel vorsichtig und ohne seitliche Verschiebungen von der Oberfläche abheben.

# Teeservice mit Sternen

*Finden Sie Ihre schlichten Teetassen und -untertassen bisweilen langweilig? Dann beleben Sie sie doch mit einigen Stempelmustern in lebendigen Farben. Lasiertes Porzellan kann man mit speziellen acrylsauren Emaillefarben gestalten, die widerstandsfähig werden, wenn sie in einem Ofen gebrannt werden. Obwohl die Hersteller betonen, daß diese Farbarten nicht lebensmittelecht sind, lassen sie sich durchaus für Geschirr verwenden, solange sie nicht auf die Trinkränder der Tassen gebracht werden. Handdekoriertes Geschirr sollte nur mit einem milden Spülmittel gespült werden – unter keinen Umständen in die Spülmaschine geben.*

**Man braucht:**

- *Bleistift*
- *Pauspapier*
- *Skalpell*
- *Haftspray*
- *Radiergummi*
- *acrylsaure Emaillefarbe in Orange, Blau und Schwarz*
- *ein kleines Glasstück*
- *Farbpinsel*
- *schlichtes weißes Porzellan-Teeservice*

**1** Die Muster aus dem Kapitel „Schablonen" übertragen und ausschneiden; mit Haftspray besprühen und auf den Radiergummi kleben.

**2** Dann mit dem Skalpell den Umriß des Sterns ausschneiden und dabei sicherstellen, daß die Spitzen exakt ausgeschnitten werden.

**3** In den Radiergummi horizontal entlang der Umrisse einschneiden und das überschüssige Gummi entfernen. Das Sternenmuster muß gleich lange Spitzen aufweisen. Dann einen Testdruck machen und gegebenenfalls vor dem Bedrucken des Porzellans Fehler mit dem Skalpell beseitigen.

**4** Eine Schicht Orange gleichmäßig auf das Glasstück verteilen und den Stempel eintauchen. Dann einen Testdruck machen. Danach beginnen, die Sterne aufzustempeln. Die eingefärbten Stempel neigen dazu, auf der lasierten Oberfläche abzurutschen. Dies läßt sich vermeiden, indem man den Stempel punktiert und den „Fehler“ nach dem Druckvorgang sofort korrigiert.

**5** Die blauen Sterne auf die gleiche Weise stempeln und Räume für die letzte Farbe freilassen.

**6** Die schwarzen Sterne so aufstempeln, daß die drei Farben sich zu einem harmonischen Ensemble zusammenfügen. Das Porzellan im Ofen brennen, entsprechend den Empfehlungen des Herstellers zu Temperatur und Brennzeit.

# GLASVASE IM JAPANISCHEN STIL

*Mit einigen schmucken, kalligraphischen Stempelmotiven können Sie eine schlichte Glasvase im japanischen Stil verschönern. Für dieses Vorhaben wurde hochdichter Schaumstoff in Streifen geschnitten und in acrylsaure Emaillefarbe getaucht. Dabei haben wir die Streifen zuvor verschiedenartig geformt, um eine Reihe schneller Drucke ausführen zu können. Machen Sie nicht zu viele Drucke – das Resultat sollte wie ein vergrößertes japanisches Schriftzeichen aussehen.*

*Das Farbergebnis hält dem Spülen mit milden Reinigungsmitteln in jedem Fall stand.*

**MAN BRAUCHT**

- *Zeichendreieck*
- *Filzstift*
- *hochdichten Schaumstoff (25cm x 10cm x 5cm)*
- *Skalpell*
- *Lappen*
- *schlichte Glasvase*
- *acrylsaure Emaillefarbe in Schwarz*
- *Teller*

**1** Mit einem Zeichendreieck und Filzstift Linien im Abstand von 1cm längs auf den Schaumstoff zeichnen.

**2** Mit dem Skalpell die Linien einschneiden, dann den Schaumstoff leicht ablösen und durchschneiden.

**3** Die Vase mit dem Lappen sorgfältig reinigen; danach gründlich abtrocknen.

**4** Die Farbschicht gleichmäßig auf einem Teller verteilen. Dann einen Schaumstreifen in die Farbe tauchen.

**5** Mit beiden Händen den Schaumstreifen direkt über der Glasoberfläche hufeisenförmig biegen und drucken. Dann den Stempel vorsichtig abheben, um ein Verschmieren der Farbe zu vermeiden.

**6** Ein gerades Stück Schaumstreifen in die Farbe drücken und damit die Hufeisenlinie seitlich fortsetzen.

**7** Das kalligraphische Muster durch Aufdrucken mehrerer gerader schwarzer Linien schließlich vervollständigen.

# Schneeflockenmuster

*Fast jede Küche kann gelegentlich eine Verschönerung vertragen. Eine Erneuerung von Grund auf ist selten erforderlich. Gelegentlich tut es schon ein Hauch Frische, indem Sie Ihre in der Küche befindlichen Vorratsgläser bunt dekorieren. Motive mit acrylsaurer Emaillefarbe, auf ihre Glasbehälter gestempelt, bewirken wahre Wunder. Ihre Arbeit wird dabei gelegentlichem Spülen mit milden Reinigungsmitteln standhalten. Die auf diese Weise dekorierten Gläser können jedoch nicht in der Spülmaschine gereinigt werden.*

**Man braucht**

- *Bleistift*
- *Pauspapier*
- *Haftspray*
- *hochdichten Schaumstoff (z.B. Schaumpolster)*
- *Skalpell*
- *Lappen*
- *Vorratsgläser*
- *acrylsaure Emaillefarbe in Weiß*
- *Teller*
- *Fliese*

**1** Eine Musterform mit Haftspray besprühen und auf den Schaumstoff kleben. Dann mit einem Skalpell die Umrisse einschneiden.

**2** Den Schaumstoff horizontal entlang der Umrisse einschneiden und den Rest dann entfernen.

**3** Das Vorratsglas gründlich reinigen und gut abtrocknen. Auf diese Weise wird eine saubere Arbeitsoberfläche geschaffen.

**4** Eine Farbschicht gleichmäßig auf einem Teller verteilen. Dann den Stempel eintauchen und den Testdruck auf einer Fliese machen.

**5** Das Vorratsglas mit einer Hand gut festhalten, dann den Schaumstempel auf das Glas drücken.

**6** Den Stempel um 90° drehen, und den zweiten Druck unter den ersten machen. Auf diese Weise fortfahren, bis das Glas ganz bedruckt ist.

# SCHMUCKE BLUMENTÖPFE

*Kommerziell dekorierte Blumentöpfe sind bisweilen sehr teuer. Doch Sie können gewöhnliche Tontöpfe sehr einfach auch selbst gestalten.*
*Das hier verwendete Sonnenrad-Motiv ist ein uraltes Symbol, das viel Energie ausstrahlt. Die Farben, die wir gewählt haben, kreieren ein lebhaftes Bild, das am besten mit leuchtenden Topfpflanzen harmoniert. Wechseln Sie die Pflanzen nach der Jahreszeit oder passend zu Ihrem ganz persönlichen Geschmack aus. Drei Schwämme, drei Farben und eine Rolle Abklebband – das ist alles, was Sie brauchen, um unscheinbaren Blumentöpfen ungeahnten Glanz zu verleihen.*

**MAN BRAUCHT**

- *Bleistift*
- *Pauspapier*
- *Skalpell*
- *Haftspray*
- *hochdichten Schaumstoff*
- *acrylsaure Emaillefarbe in Marineblau, Rot und Creme*
- *3 Teller*
- *glasierte und glatte Terracotta-Blumentöpfe*
- *Abklebband*

**1** Die Musterformen aus dem Kapitel „Schablonen" übertragen. Die Formen mit Haftspray besprühen und auf den Schaumstoff kleben.

**2** Mit einem Skalpell die Umrisse des großen Motivs einschneiden. Dann den Hintergrund und die Musterdetails ausheben.

**3** Das kleine Motiv auf die gleiche Weise ausschneiden.

**4** Eine Schicht Marineblau auf einem Teller verteilen und das große Motiv eintauchen. Danach einen Testdruck machen, um sicherzustellen, daß der Stempel nicht mit Farbe überladen ist.

**5** Das große Motiv viermal um den Topf drucken.

**6** Eine Schicht Rot gleichmäßig auf einem Teller verteilen und das kleine Motiv eintauchen. Dann einen Testdruck machen und den Stempel in Gruppen über und unter die großen Motive setzen.

**7** Mit einem Skalpell ein kleines treppenförmiges Dreieck aus dem Schaum schneiden.

**8** Zwei Streifen Abklebband parallel zueinander im Abstand von 1cm um das obere Ende eines blau lasierten Blumentopfs kleben.

**9** Ein wenig Cremefarbe auf einen Teller geben. Dann die Farbe mit einem Schwammstück zwischen die beiden Abklebbandstreifen geben.

**10** Die Farbe gut trocknen lassen. Danach das Abklebband abziehen, um den cremefarbenen Rand hervortreten zu lassen.

**11** Sicherstellen, daß die Farbe gleichmäßig auf dem Teller verteilt ist. Dann das treppenförmige Dreieck eintauchen. Einen Testdruck machen und das Muster danach über und unter die cremefarbene Linie stempeln – und zwar so, daß die Dreiecksspitzen zueinander zeigen.

# Accessoires

Wer noch nie mit einem Gummistempel als Werkzeug gearbeitet hat, für den sind Accessoires die richtigen Objekte, um anzufangen. Man kann mit Ihnen Lampenschirme, Bilderrahmen oder ein Holztablett binnen weniger Minuten mit minimalem Aufwand vom Aschenputtel zur Prinzessin verwandeln. Alles, was Sie brauchen, um große Flächen zu dekorieren, sind ein Stempel und ein Stempelkissen sowie etwas Wasser, um die Stempel zu reinigen. Was könnte also einfacher sein?

Es ist sinnvoll, mit kleineren Objekten zu beginnen, bis man sich zutraut, ehrgeizigere Vorhaben in Angriff zu nehmen. Dies wird aber nicht lange dauern, weil die Tätigkeit so einfach ist, und man praktisch kaum etwas falsch machen kann.

Für den Anfang wäre Geschenkpapier ein idealer Ausgangspunkt. Alles, was Sie brauchen, sind ein gekaufter Gummistempel, ein Stempelkissen und ein Bogen ungemustertes Papier. Sie werden erstaunt sein, wie schön das Papier selbst mit dem einfachsten Gestaltungsprinzip, dem Stempelmotiv in mehreren Reihen, aussehen wird. Probieren Sie dann auch Farben und andere Anordnungen, und wenig später gehören Sie zu den Sammlern von Stempeln, die verschiedene Dekors ausprobieren müssen.

Viele gekaufte Gummistempel eignen sich nur für kleinere Objekte. Die feinen Details kommen auf großen Flächen wie Wänden oder Bettbezügen nicht zur Geltung. Wenn Sie auf den Geschmack gekommen sind, wollen Sie bestimmt Ihr eigenes Motiv auf einem Gummistempel wiederfinden. Sie können Ihren Entwurf bei einem Stempelhändler abgeben, aber billiger kommt es Sie, selbst einen Stempel anzufertigen. Geschnitzte Radiergummis erzeugen einen echten Gummistempeleffekt. Sie können damit üben und Ihr Motiv verbessern, bis Sie wirklich zufrieden sind.

# Eleganter Lampenschirm

*Außergewöhnliche Lampenschirme können sehr teuer sein. Warum nicht einen ungemusterten, schlichten Lampenschirm so dekorieren, daß er aus einem reinen Gebrauchsgegenstand zum eleganten Blickfang wird? Das Muster läßt sich leicht aus hochdichtem Schaumstoff schneiden. Der Stempel erzeugt einen flächigen Druck mit klaren Rändern, und die Biegsamkeit des Schaumstoffs paßt sich der gebogenen Oberfläche an. Denken Sie auch daran, das Muster über die Kanten des Lampenschirms hinaus zu drucken.*

---

**Man braucht**

- *Bleistift*
- *Pauspapier*
- *Haftspray*
- *hochdichten Schaumstoff (z.B. Schaumpolster)*
- *Skalpell*
- *verdünnte Emulsionsfarbe in Cremegelb und blassem Blau*
- *2 Teller*
- *kleine Gummirolle*
- *einfarbigen Lampenschirm*

**1** Pausen Sie das Muster aus dem Kapitel „Schablonen“ ab und übertragen Sie es mit Haftspray auf den Schaumstoff. Um das Motiv mit einem Skalpell auszuschneiden, schneiden Sie den Motivumriß ein, und stechen mit dem Skalpell den Schaumstoff ganz durch. Das mittlere Detail wird 1cm tief eingeschnitten, unterhöhlt, ausgestochen und der Hintergrund weggeschnitten.

**2** Verteilen Sie etwas von der cremegelben Farbe auf einem Teller und färben Sie eine kleine Rolle gleichmäßig ein. Die Rolle benutzen Sie, um den Stempel mit einer Farbschicht zu versehen.

**3** Der erste Druck sollte ein halber sein, mit dem oberen Ende des Stempels ausgeführt. Plazieren Sie weitere Abdrucke in beliebigen Winkeln, lassen Sie dabei aber genügend Raum für die zweite Farbe frei. Anschließend den Stempel reinigen, um alle Spuren von Gelb zu beseitigen.

**4** Nun verteilen Sie etwas blaßblaue Farbe auf einem zweiten Teller und färben die Rolle ein. Mit der Rolle wird eine gleichmäßige Farbschicht auf den Stempel aufgetragen.

**5** Die blauen Muster in beliebigen Winkeln zwischen die gelben Motive stempeln. Machen Sie auch einige unvollständige Abdrucke, damit es so aussieht, als ob das Muster über die Kanten hinausgeht.

# ABSTRAKTES TABLETTMUSTER

*Haushaltstabletts sind die idealen Objekte, um neue Muster und Farbeffekte auszuprobieren. Sie sind so preiswert, daß es wenig ausmacht, wenn einmal etwas nicht zu Ihrer Zufriedenheit ausfällt. Gelingt Ihnen aber Ihr Vorhaben, werden Sie sich jeden Tag aufs neue über Ihr persönlich gestaltetes Accessoire freuen. Die Schwämme wurden in eckige Formen geschnitten und in drei Farben aufgestempelt. Bewahren Sie die Frische Ihres Designs, indem Sie es mit drei Schichten Lack überstreichen, um das Tablett vor Tee-, Kaffee- und anderen Flecken zu schützen.*

## MAN BRAUCHT

- *Emulsions- oder Gouachefarbe in Creme*
- *Farbpinsel*
- *Filzstift*
- *mitteldichten Schwamm*
- *Skalpell*
- *Schere*
- *kleine Mengen Emulsions- oder Gouachefarbe in Olivegrün, Backsteinrot und Grau*
- *3 Teller*
- *Klarlack*

**1** Das gesamte Tablett wird mit zwei Anstrichen cremefarbener Emulsions- oder Gouachefarbe überzogen. Nach jedem Anstrich die Farbe gut trocknen lassen.

**2** Kopieren Sie die Muster aus dem Kapitel „Schablonen“ mit einem Filzstift auf die Schwammoberfläche. Mit einem Skalpell und einer scharfen Schere die neun Formen so ausschneiden, daß sie nicht zu perfekt, sondern spontan aussehen.

**3** Verteilen Sie zunächst olivgrüne Farbe gleichmäßig auf einem Teller. Machen Sie einen Testdruck und bestempeln Sie danach das Tablett.

**4** Mit der Hälfte der Formen die olivgrüne Farbe über das Tablett verteilen. Drücken Sie leicht auf. ➤

**5** Verteilen Sie die backsteinrote Farbe gleichmäßig auf dem nächsten Teller und benutzen Sie die restlichen Muster zum Stempeln. Lassen Sie einige Lücken für die letzte Farbe frei.

**6** Mit der grauen Farbe füllen Sie die Lücken auf. Verwenden Sie alle Muster. Die Muster sollten die Innen- und Außenfläche des Tabletts bedecken. Setzen Sie auch zu Teilabdrucken an.

**7** Wenn die Farbe getrocknet ist, sollten Sie das Tablett mit mindestens drei Lagen Klarlack überziehen. Nach jedem Anstrich muß der Lack genügend lange trocknen.

# MALERISCHE KUNSTMAPPE

*Schützen Sie Ihre liebsten Kunstwerke in dieser stilvoll bestempelten Mappe. Das unregelmäßig dichte Muster der Kartoffeldrucke bietet den passenden malerischen Effekt.*

*Die Mappe wird aus zwei Bögen dicker Pappe mit einer Kanteneinfassung aus breitem, schwarzem gewebten Klebeband hergestellt. Das professionelle Aussehen bekommt die Mappe durch Schlitze, durch die schwarze Bänder gezogen werden. Das Objekt kann in jeder Größe angefertigt werden und könnte auch Ihr persönliches Briefpapier beherbergen.*

**MAN BRAUCHT:**

- *Messer*
- *mittlere bis große Kartoffel*
- *Zirkel*
- *Skalpell*
- *Teller*
- *Gouachefarbe in Preußisch Blau*
- *Farbpinsel*
- *2 Bögen leicht bläuliche steife Pappe*
- *breites, schwarz gewebtes Klebband*
- *1cm breite schwarze Schnur von 2 x 20cm Länge*

**1** Zeichnen Sie mit dem Zirkel zwei Kreise in eine halbe Kartoffel. Zusammen sollten sie einen Ring von ungefähr 6mm Dicke und 6cm Durchmesser bilden.

**2** Ziehen Sie den Umriß mit einem Skalpell nach. Die Mitte wird ausgehoben und der Überschuß am Außenring weggeschnitten.

**3** Das Preußisch Blau gleichmäßig auf einem Teller verteilen. Dann die Farbe mit einem Pinsel auf das Kartoffelmuster geben.

**4** Starten Sie mit dem Bedrucken der unteren Papphälfte. Beginnen Sie mit Halbkreisen, indem die Kartoffel den Rand überlappt.

**5** Die nächste Reihe so drucken, daß die Kreise zwischen die Ringe der ersten Reihe passen. Fahren Sie fort, bis die Pappe komplett bedeckt ist.

**6** Überdrucken Sie jetzt die Kreise. Indem Sie beim Stempeln Menge und Dichte der Farbe variieren, erreichen Sie ein handgemachtes Aussehen.

**7** Zwei Streifen Klebband 4cm länger als die Pappe schneiden. Den einen Streifen mit der Klebeseite nach oben flach auslegen, dann die beiden Pappen so positionieren, daß noch eine Lücke gelassen wird und das Klebband oben wie unten herausragt.

**8** Den zweiten Streifen auf die Nahtstelle im Innern der Mappe kleben und die überstehenden Enden auf Kantenhöhe abschneiden.

**9** Das überstehende untere Klebband oben und unten umklappen und auf die Innenfläche der Pappe kleben.

**10** In jede Seite der Mappe schneiden Sie zum Schluß einen 1,5cm langen Schlitz auf halber Höhe und 3cm von der Außenkante entfernt. Ziehen Sie das Textilband hindurch und lassen Sie innen 2,5cm überstehen. Mit einem sauber geschnittenen Quadrat aus Klebband den Überschuß befestigen.

# EIGENE BUCHUMSCHLÄGE

*Braunes Packpapier ist für Buchumschläge wie geschaffen. Es ist fest, läßt sich falten ohne zu knittern und ist sehr preiswert.*

*Das Papier hat meistens eine glänzende und eine matte Seite. Die matte Seite nimmt die Farbe besser auf als die glänzende.*

*Die hier benutzten Grundformen – ein kleines, volles Quadrat, ein quadratischer Umriß und ein Dreieck – lassen sich in verschiedenen Zusammenstellungen zu einer Fülle an Mustern kombinieren. Diese Umschläge könnten eine Reihe von Kochbüchern zieren, die auf einem Küchenregal stehen.*

**MAN BRAUCHT**

- *Messer*
- *2 Kartoffeln*
- *Schüssel*
- *PVA-Leim*
- *Farbpinsel*
- *Wasserfarben in Backsteinrot, Braun und Ockergelb*
- *Teller*
- *Skalpell*
- *braunes Packpapier*

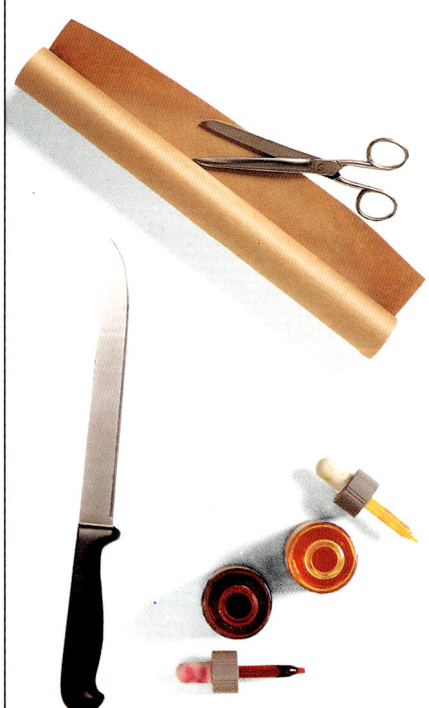

**1** Die Kartoffeln werden halbiert. Um allen die gleiche Quadratform zu verleihen, müssen Sie alles andere abschneiden.

**2** PVA-Leim und Wasser zu gleichen Teilen mischen, dann einen Tropfen wasserlösliche Farbe hinzufügen. Die Mixtur sollte dick und zäh sein.

**3** Verteilen Sie die Farbe gleichmäßig auf einem Teller. Wenn Sie die Kartoffel hineintauchen, sehen Sie das Muster besser, das Sie jetzt ausschneiden. Lassen Sie einen Rand frei und heben Sie aus der Mitte ein Dreieck aus.

**4** Beginnen Sie, entlang der unteren Papierkante eine Reihe dieses Musters zu drucken.

**5** Bei der folgenden Reihe den Stempel umdrehen. Fahren Sie fort, indem Sie den Stempel beim Bedrucken einer neuen Reihe jedes Mal drehen.

**6** Um ein Schachbrettmuster zu gestalten, läßt man jeweils eine Lücke. Tauchen Sie ein kleines Kartoffelquadrat in die Farbe und tupfen es dann in die Mitte des leeren Quadrats.

# EINZIGARTIGES GESCHENKPAPIER

*Wollen Sie Ihrem Geschenk eine zusätzliche Note verleihen? Dann bedrucken Sie doch Ihr eigenes Geschenkpapier mit einem Dekor, das der Person gefallen wird, für die das Geschenk gedacht ist. Alles, was man dazu braucht, sind eine Auswahl von Gummistempeln, Stempelkissen oder Farben und einfarbiges Papier. Bestempeltes Papier ist gerade zur Weihnachtszeit sehr nützlich, wenn man viele Geschenke zur gleichen Zeit verpacken möchte.*

**MAN BRAUCHT**

- *einfarbiges Papier*
- *Gummistempel mit verschiedenen Motiven*
- *Stempelkissen*

**1** Um ein unsystematisches Muster, wie mit diesen Kleeblättern, anzufertigen, beginnen Sie mit einer Ecke des Papiers. Dann drehen Sie den Stempel, um die Ausrichtung jedes Drucks zu ändern.

**2** Drehen Sie das Papier um und fahren Sie mit dem Drucken der Muster fort. Im Endergebnis sollte der Bogen zu gleich großen Teilen aus Hintergrundfläche und Mustern bestehen.

**3** Um ein strengeres Muster zu erhalten, beginnen Sie, eine Reihe von Abdrucken entlang der unteren Papierkante aufzustempeln.

**4** Wechseln Sie beim Drucken, wie hier gezeigt, die Farbe; dann erhalten Sie ein großflächiges Dekor mit eng aneinanderliegenden Mustern.

# Privates Briefpapier

*Persönlich gestaltetes Briefpapier sagt etwas über Sie aus, noch bevor Sie ein Wort zu Papier gebracht haben. Natürlich gibt es viele Methoden, eigenes Briefpapier mit vorgeschnittenen Gummistempeln zu gestalten. Wir gehen noch einen Schritt weiter und zeigen, wie man seinen eigenen Stempel aus einem Radiergummi herstellen kann. Wählen Sie dazu ein oder zwei Bilder aus, die etwas über Sie ausdrücken.*

*Sie werden beim Schneiden des Stempels große Geschicklichkeit, Geduld und eine ruhige Hand benötigen, weil der Stempel sehr klein ist.*

*Wenn Sie es erst einmal können, wird Ihnen jedes gewünschte Motiv zur Verfügung stehen.*

## Man braucht

- *Zeichnungen der gewählten Motive*
- *Skalpell*
- *einfarbiges Papier*
- *neuen Radiergummi*
- *Feuerzeugbenzin*
- *Linolschnitt-Werkzeuge*
- *Stempelkissen*
- *Prägetinte und -pulver (nach Belieben)*

**1** In den auf Papier gezeichneten Umriß des Radiergummis Ihr favorisiertes Motiv auf Papier kleben.

**2** Fotokopieren Sie diese Anordnung, und schneiden Sie das Motiv in der Größe des Radiergummis aus.

**3** Nun legen Sie es mit der Druckseite nach unten deckungsgleich auf den Radiergummi.

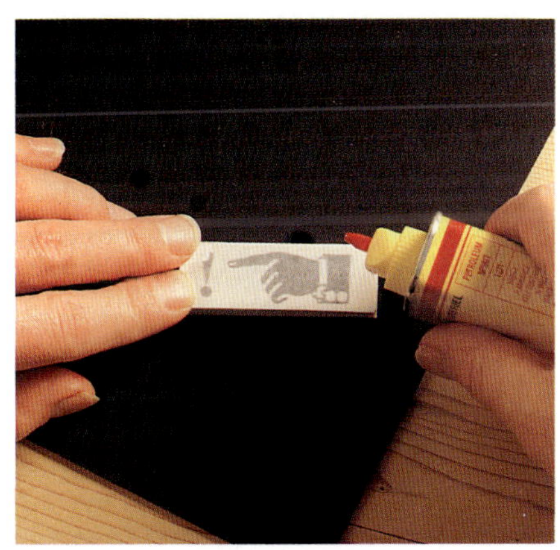

**4** Ungefähr 3 Tropfen Feuerzeugbenzin auf der Rückseite des Papiers verteilen. Das Papier darf dabei nicht rutschen.

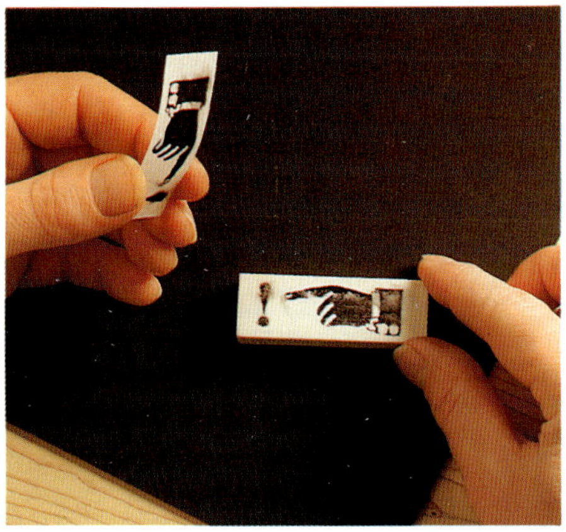

**5** Entfernen Sie das Papier, um das übertragene Muster freizulegen. Das Muster erscheint nach seiner Übertragung auf den Radiergummi spiegelbildlich. Beim Stempeln kehrt das Bild zu seiner ursprünglichen Form zurück.

**6** Nehmen Sie feines Linolschnitt-Werkzeug und ein Skalpell, um den Umriß und die Details vorsichtig auszuschneiden. Nur das eigentliche Motiv stehenlassen. Vergleichen Sie vorher mit einem vorgefertigten Gummistempel.

**7** Nun den Radiergummi-Stempel auf ein Stempelkissen drücken und das Briefpapier bedrucken. Für eine reliefartige Wirkung kann man das Motiv auch mit Prägepulver aufstempeln.

## Geprägtes Briefpapier

**1** Prägewerkzeuge sind im Handel erhältlich. Mit Prägetinte das Motiv auf das Briefpapier stempeln.

**2** Streuen Sie Prägepulver über die noch feuchte Tinte, und klopfen Sie das überschüssige Pulver ab.

**3** Laut Gebrauchsanweisung mit Wärme behandeln. Das Ergebnis ist ein erhabenes, glänzendes Bild.

# Geschenkschachtel

*Nichts fällt leichter als einen dünnen Karton in eine hübsche Geschenkschachtel zu verwandeln. Alles, was man braucht, sind ein Lineal und ein Bleistift, um die Schablone sorgfältig auszumessen, sowie ein Skalpell und eine gerade Kante, um sie auszuschneiden.*

*Die Kanten der Schachtel werden mit beidseitig klebendem Band zusammengefügt. Dies bringt ein stabiles und sauberes Ergebnis. Die Größe der Schachtel kann, je nachdem wie Sie es wünschen, im Maßstab vergrößert oder verkleinert werden.*

### Man braucht

- *Lineal oder Zeichendreieck*
- *Bleistift*
- *dünnen, farbigen Karton*
- *Skalpell*
- *Gummistempel*
- *Stempelkissen*
- *stumpfes Messer für den Karton*
- *Doppelseitiges Klebeband*

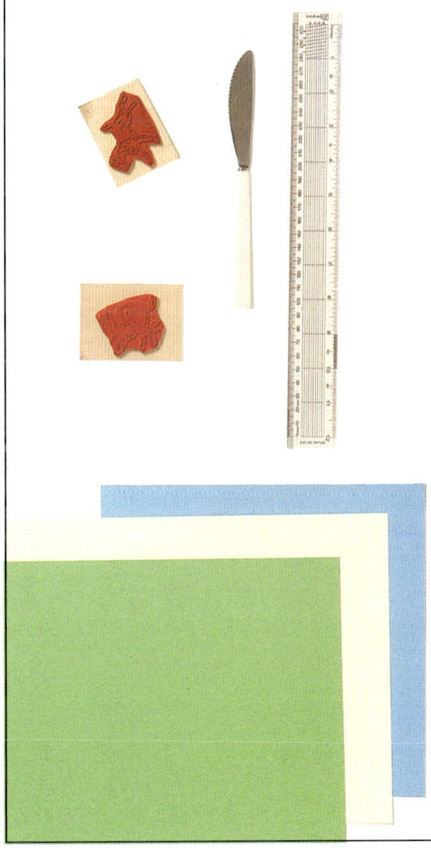

**1** Zeichnen Sie das Schema der Schachtel mit Hilfe des Diagramms aus dem Kapitel „Schablonen" auf. Verkleinern oder vergrößern Sie dabei nur maßstabsgetreu.

**2** Nehmen Sie ein Skalpell und ein Lineal, um saubere und genaue Linien zu erhalten. Schneiden Sie die Schachtel damit aus.

**3** Entlang eines Stücks Papier oder eines Lineals werden die Motivreihen diagonal auf den Karton gestempelt.

**4** Achten Sie darauf, das Motiv über den Rand hinaus zu drucken. Teilmotive sollten am Ende jeder zweiten Reihe stehen.

**5** Beginnen Sie auf der Innenseite der Schachtel mit einem Zeichendreieck oder einem Lineal die Falzlinien mit einem stumpfen Messer einzukerben. Die Oberfläche des Kartons darf nicht verletzt werden.

**6** Den Karton entlang der Einkerbungen falten und darauf achten, daß die Ecken saubere Rechtecke bilden. Ein beidseitig klebendes Band auf den Klebekanten befestigen, das Schutzpapier abziehen und die Kanten zusammendrücken. Hierbei müssen Sie sehr sorgfältig arbeiten, weil das Klebeband nicht mehr verschoben werden kann.

**7** Fahren Sie auf diese Weise fort, und achten Sie auf Paßgenauigkeit. Die überstehenden Enden werden nach innen eingeschlagen.

# BILDERRAHMEN IM NAIVEN STIL

*Simple Holzrahmen lassen sich mit etwas Acrylfarbe und vorgefertigten Gummistempeln in ein reich gemustertes und farblich zusammenpassendes Set verwandeln. Diese drei Rahmen sind zwar verschieden, haben aber noch genügend Gemeinsamkeiten an Grundmustern, Material, Struktur und Format, um sich zu einer Gruppe zusammenstellen zu lassen.*

*Man sollte gedämpfte Farbkombinationen und geometrische Stempelmotive wie diese hier verwenden, da sonst die Aufmerksamkeit von den Bildern abgelenkt wird.*

*Verleihen Sie dem Dekor einen zusätzlichen Reiz, indem Sie den Farbauftrag variabel gestalten; an einigen Stellen kann er etwas verblassen, an anderen dafür überreichlich sein.*

### MAN BRAUCHT

- *feines Sandpapier*
- *Acrylfarbe in Meeresblau, Siena, Stein und Maisgelb*
- *mehrere Farbpinsel*
- *3 Holzrahmen*
- *3 Teller*
- *3 Gummistempel*
- *matten Klarlack (nach Belieben)*

**1** Bearbeiten Sie die drei Rahmen mit verschiedenen Farben und Gummistempeln auf die gleiche Weise. Jeden Rahmen zuerst abschmirgeln, zweimal mit Acrylfarbe anstreichen und zwischendurch trocknen lassen.

**2** Um Olivgrün zu erhalten, vermischen Sie etwas Siena mit Meeresblau. Die übrigen Farben verteilen Sie gleichmäßig auf separaten Tellern.

**3** Machen Sie einen Testdruck auf einem Stück Schmierpapier. Die Motive werden nun in engen Abständen auf den Rahmen gedruckt.

**4** Stempeln Sie das Muster auf jede Fläche, die später zu sehen sein wird. Nach Trocknen der Farbe können Sie die Rahmen mit einem matten Klarlack überziehen.

# KINDER-ZIMMER

Kinder wachsen und ändern ihre Vorlieben. Wenn Sie damit Schritt halten wollen, müssen Sie sich darauf einstellen, daß Kinder etwa alle fünf Jahre nach einer neuen Umgebung verlangen. Nehmen Sie also die Herausforderung an, und lassen Sie Ihrer Freude am Gestalten freien Lauf. Einige Kinder nehmen die Ausstattung ihres Zimmers sehr ernst, die meisten – vor allem die jüngeren – sind froh, Ihnen die Entscheidung überlassen zu können.

Die in unseren Beispielen gezeigten Räume sind ein tropisches Badezimmer, eine Spielzimmerwand, ein Zimmer mit Zierfries und ein mit Tupfenmustern gestalteter Raum für ein älteres Kind. Die Badezimmergestaltung ist am einfachsten. Sie brauchen den Stempel nur einzutauchen und aufzudrucken. Die anderen Vorhaben erfordern einige Planungen und Vorbereitungen, doch ist das Ausmessen einmal erledigt, liegt das Stempeln schneller hinter Ihnen, als Sie glauben.

Für den Baum wird statt eines Pinsels ein Schwamm benutzt, bevor die Blätter aufgestempelt werden. Das Ergebnis ist eine weiche, kreidige Wirkung ohne scharfe Ränder. Können Sie sich zur Gestaltung eines Zimmers für ein älteres Kind ein einfacheres Werkzeug denken als einen großen Tupfen – aus einem Stück Schwamm geschnitten? Als Gestaltungselement für eine große Fläche mutet es zunächst kühn an, überzeugt aber durch seine Wirkung. Drucken Sie die Tupfen ober- und unterhalb der Sockelleiste in einer anderen Farbe. Zur Abwechslung kann man auch ein Sternen-Motiv in einer weiteren Farbe dazwischen stempeln.

Warum also immer nur mit gekauften Leisten und Tapeten arbeiten? Dekorieren Sie Ihre Räume so, daß sie kreativ und persönlich gestaltet aussehen.

# GETUPFTE SCHLAFZIMMER-WÄNDE

*Die Entscheidung über das Schlafzimmer-Muster für ein älteres Kind fällt manchmal schwer. Verspielte Bildtapeten lehnen sie meist als „kindisch“ ab. So ist es schwierig, etwas Fröhliches und gleichzeitig nicht zu Aufdringliches zu finden.*

*Der Tupfen ist das einfachste Motiv und läßt sich allein oder zusammen mit anderen geometrischen Formen verwenden. Man kann sie mit Sternen oder dunkleren Tupfen, die unterhalb der Sockelleiste gestempelt werden, variieren. Die Farbzusammenstellung hier ist sehr ausgewogen. Jede andere Kombination ändert auch die Stimmung.*

## MAN BRAUCHT

- *Zirkel*
- *Stück Papier*
- *Schere*
- *leichtdichten Schwamm (z.B. Badeschwamm)*
- *Filzstift*
- *Skalpell*
- *Emulsionsfarbe in Dunkelblau*
- *Teller*
- *Senkschnur*
- *Lineal*
- *Emulsionsfarbe in Schwarz und Gelb (nach Belieben)*

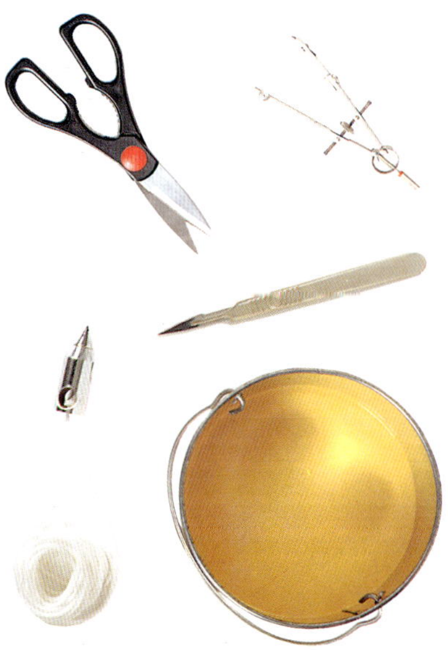

**1** Zeichnen Sie mit dem Zirkel einen Kreis von 8cm Durchmesser auf ein Stück Papier. Schneiden Sie ihn aus.

**2** Den Papierkreis als Schablone benutzen und zwei Kreise mit dem Filzstift auf den Schwamm malen.

**3** Um die Kreise mit dem Skalpell auszuschneiden, zuerst den Umriß einschneiden, dann den Schwamm seitlich anfassen und durchschneiden.

**4** Wenn Sie das Tupfenmuster zusammen mit den Sternen verwenden, schneiden Sie aus einem Schwamm den Stern mit dem Skalpell aus.

**5** Die dunkelblaue Emulsionsfarbe gleichmäßig auf einem Teller verteilen und auf Papier einen Testdruck machen. Wenn Sie Ihrem Augenmaß vertrauen, beginnen Sie damit, Reihen von Tupfen in gleichmäßigem Abstand zu drucken. Andernfalls benutzen Sie ein Senklot, das in Deckenhöhe angebracht ist. Durch Verschieben der Schnur und Ausmessen der Abstände mit einem Lineal das Muster aufstempeln.

**6** Um eine lebhaftere Wirkung zu erhalten, können Sie das Blau mit schwarzer Farbe abdunkeln, und dann die Stempeltupfen unterhalb der Wandsockelleiste aufdrucken.

**7** Wenn Sie auch das Sternenmuster verwenden wollen, machen Sie den Testdruck auf Papier, und stempeln Sie die Sterne dann in gleichmäßigen Abständen zwischen die Tupfen. Durch versetztes Überdrucken läßt sich mit dunklerem Gelb ein Schatteneffekt erzeugen.

# KARIBISCHES BADEZIMMER

*Kindern sollte Baden Spaß machen. Ermuntern Sie Ihre Kinder, das Badezimmer zu betreten, indem Sie die Wände mit leuchtenden und fröhlichen Motiven gestalten. Unser Badezimmer hat die Tropen zum Thema. Das intensive Himmelblau des Hintergrunds trennt eine leuchtend rote Leiste vom sandigen Gelb. Diese Leiste ist dekorativ und nützlich zugleich.*

*Wir verwendeten als Stempel vorgeschnittene Badeschwämme. Die Druckfarben entsprechen den Farben der Schwämme. Es steht Ihnen aber frei, auch andere Farbkombinationen zu verwenden.*

**MAN BRAUCHT**

- *Emulsionsfarbe in Chromgrün, Rosa und Gelb*
- *3 Teller*
- *Schwammset mit tropischen Motiven*

**1** Grüne, rosa und gelbe Farbe gleichmäßig auf die Teller verteilen. Mit dem Palmenschwamm einen Testdruck auf Papier machen, um sicher zu gehen, daß der Schwamm nicht zuviel Farbe aufgenommen hat. Den ersten Druck im 45°-Winkel über der Leiste aufdrucken.

**2** Nehmen Sie jetzt den Fischschwamm und machen Sie den Testdruck. Anschließend stempeln Sie das Fischmotiv neben die Palmen. Vermeiden Sie rechte Winkel, und legen Sie den Schwamm beim Stempeln leicht geneigt an.

**3** Das Ananasmotiv in gelbe Farbe tauchen, den Testdruck machen und über die beiden anderen stempeln.

**4** Fahren Sie mit dem Aufstempeln der drei Formen fort, bis die Wand vollständig bedeckt ist.

Für ein dichtes und unregelmäßiges Muster sollten Sie den Winkel bei jedem Druck ändern.

# Apfelbaum als Wandschmuck

*Es ist ratsam, dieses Vorhaben auszuführen, wenn die Kinder aus dem Haus sind. Denn auch Kindern macht es soviel Spaß, daß sie Ihnen werden helfen wollen. Wenn Sie sich darauf einlassen, wird das Ergebnis etwas spontaner und weniger stilvoll ausfallen…*

*Der Apfelbaum kann ein Spielzimmer oder ein neues Babyzimmer schmücken. Er wird die ganze Kindheit überdauern, weil er kindgemäß, aber nicht kindisch wirkt.*

*Um verschiedene Oberflächenstrukturen zu vermeiden, wurde das Motiv (statt mit einem Pinsel) mit Schwammstücken aufgebracht, so daß Baum, Blätter und Früchte alle das gleiche sanfte Erscheinungsbild bieten. Die gedämpften Farben verhindern, daß das Dekor zu aufdringlich wirkt.*

**MAN BRAUCHT:**

- *steifen Karton*
- *Bleistift*
- *Skalpell*
- *Filzstift*
- *leichtdichten Schwamm (z.B. Badeschwamm)*
- *verdünnte Emulsionsfarbe in Rosa, Backsteinrot, Gelb, Pflanzengrün, Blaugrau, Ocker und Olivgrün*
- *7 Teller*
- *Farbpinsel*

**1** Die Formen der Zweige, des Stamms und Fundamentmuster auf einen Bogen steifen Karton zeichnen und mit einem Skalpell ausschneiden.

**2** Malen Sie einen Kreis und ein Blatt auf den Schwamm, und schneiden Sie die Formen aus.

**3** Die Fundament-Schablone mit einem Bleistift an der Stelle nachzeichnen, wo der Baum „stehen" soll.

**4** Malen Sie den Stamm mit der langen, rechtwinkligen Schablone über dem Fundament auf.

5 Sechs gebogene Zweige hinzufügen. Zuerst drei Zweige auf der einen Seite des Baumstamms versetzt anordnen, anschließend spiegeln.

6 Die Farben mit einem Pinsel gleichmäßig auf verschiedene Teller verteilen. Für das Fundament braucht man rosa, backsteinrote, gelbe und pflanzengrüne Farbe. Oberhalb der Leiste beginnen, die Bleistiftumrisse mit einem in Farbe getauchten Stück Schwamm auszufüllen. Einen Testdruck machen, um sicherzustellen, daß der Schwamm nicht zuviel Farbe aufgenommen hat.

7 Füllen Sie den Stamm und die Zweige mit blaugrauer Farbe aus. Das Ergebnis muß nicht allzu perfekt aussehen; es sollte grob und konturiert sein. Für die Zweigenden Schwamm spitz zuschneiden.

8 Die Blätter in Ocker und Olivgrün aufstempeln. Hin und wieder die Farben überstempeln, um einen räumlichen Effekt zu erzielen.

**9** Zum Schluß mit dem Kreis die Äpfel in Rosa auf das Laub stempeln. Einige ganz, andere nur teilweise aufstempeln, damit es aussieht, als ob die Äpfel von den Blättern verdeckt würden. Durch unterschiedlichen Druck auf den Schwamm erreicht man eine Schattenwirkung.

# VOLKSKUNST-FRIES

*Dieser volkstümlichen Motiven nachempfundene Fries eignet sich mit seinen warmen Rosa- und Grüntönen besonders gut für ein Kinderschlafzimmer. Die überlappenden Ränder und die lebhaft verdrehten Vögel verstärken den naiven Charme.*

*Die Farbauswahl vermeidet die Härte von Grundfarben, die sonst so häufig für Kinderzimmer ausgesucht werden. Grün ist eine beruhigende Farbe, kann aber zugleich kalt sein. Hier wurde ein Pflanzengrün verwendet, das viel wärmendes Gelb enthält.*

## MAN BRAUCHT

- *Emulsions- oder Acrylarbe in Pflanzengrün, Rosa und Karmesinrot*
- *mehrere Farbpinsel*
- *Bleistift*
- *Lineal*
- *Wasserwaage*
- *Pauspapier*
- *Haftspray*
- *mitteldichten Schwamm (z.B. Küchenschwamm)*
- *Skalpell*
- *3 Teller*

**1** Unterteilen Sie die Wand, indem Sie sie bis auf Höhe der Wandsockelleiste grün anstreichen. Mit Hilfe eines Bleistifts, Lineals und einer Wasserwaage 24cm über dem grünen Abschnitt eine gerade Linie aufzeichnen, die als obere Begrenzung dienen wird.

**2** Alle Muster aus dem Kapitel „Schablonen" abpausen und, wie gezeigt, mit einem Skalpell ausschneiden. Den geraden Streifen in die grüne Farbe tauchen und nach dem Testdruck eine Linie entlang der Markierungen aufstempeln. Eine zweite Linie über dem grünen Wandabschnitt aufdrucken.

**3** Den gebogenen Streifen in die grüne Farbe tauchen und nach einem Testdruck aufstempeln, um die Zweige vorzubereiten.

**4** Blattmuster grün einfärben und nach dem Testdruck die Blätter in Gruppen, zwei oberhalb und eines unterhalb des Zweiges stempeln. ➤

**5** Die blaßrosa Vogelmotive entlang der Zweige stempeln. Die Vögel sollten abwechselnd in die jeweils andere Richtung zeigen. Die Abdrucke dürfen nicht zu gleichförmig aussehen. Ein lebhafter, ungezwungener Effekt ist wünschenswert.

**6** Säubern Sie die Schwämme und färben Sie diese danach karmesinrot ein. Stempeln Sie die übrigen Vogelmotive entlang der Zweige und wechseln Sie wie vorher die Blickrichtung.

**7** Stempeln Sie zum Schluß eine Reihe aus rosa und karmesinroten Herzen über der oberen Begrenzung des Fries.

# Spielzeugkiste mit Kleinbus

*Jedes Kind sollte ermuntert werden, sein Spielzeug am Ende des Tages wegzuräumen. Diese Spielzeugkiste könnte ein solches Wunder bewirken. Die pastellfarbenen Flicken kopieren den Stil der 50er Jahre. Sie wurden mit Schablonen und Farbrollen auf den türkisfarbenen Untergrund aufgetragen. Die Busse wurden wie zufällig gestempelt, so daß einige über den Hintergrund hinausreichen. Durch veränderte Winkelstellung wird ein räumlicher Effekt erreicht.*

**Man braucht**

- *Holzkiste mit Deckel*
- *Emulsionsfarbe in hellem Türkis*
- *mehrere Farbpinsel*
- *Bleistift*
- *Lineal*
- *1 Schablonenkarton oder -polyester*
- *Haftspray*
- *Skalpell*
- *Emulsions- oder Matrizenfarbe in Gelb, Pink und Lila*
- *4 Teller*
- *kleine Farbrolle*
- *Emulsion oder Stempeltinte in Braun*
- *Gummirolle*
- *Gummistempel mit Kleinbus-Motiv*

**1** Zwei Lagen türkisfarbene Emulsion auf die Kiste auftragen. Für den Untergrund eine Schablone zeichnen und ausschneiden. Die Schablone sollte groß genug sein, um das ganze Stempelmotiv aufzunehmen.

**2** Die drei Pastellfarben auf verschiedene Teller verteilen. Mit einer kleinen Rolle die erste Farbe mit Hilfe der Schablone auf die Kiste bringen. Jede Farbe sollte mit gleich viel Mustern auf der Kiste vertreten sein.

**3** Säubern Sie die Rolle und tragen Sie die restlichen Farben wie zuvor mit Hilfe der Schablone auf die Kiste auf. Der Farbauftrag sollte bei allen Farben gleich stark sein. Lassen Sie die Farben trocknen.

**4** Ein wenig braune Emulsion oder Stempeltinte auf einen sauberen Teller gießen. Den Gummistempel mit einer Gummirolle einfärben.

**5** Die Busmotive auf die pastellfarbenen Untergrundflicken stempeln. Die Stempel sollten über einige der Flicken hinausgehen und in verschiedenen Winkeln angelegt werden.

# Schablonen

*Die Schablonen auf den folgenden Seiten können Sie mit einem Fotokopierer oder mit Hilfe eines Gitternetzes vergrößern oder verkleinern. Wenn eine Schablone zum Beispiel doppelt so groß sein muß wie hier abgebildet, können Sie das Muster Quadrat für Quadrat auf ein doppelt so großes Gitternetz wie das hier abgebildete übertragen.*

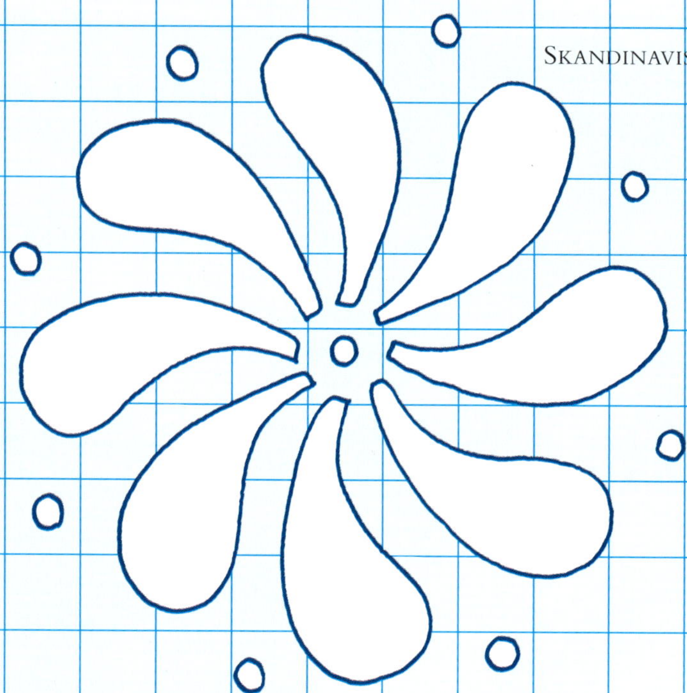

Skandinavisches Wohnzimmer

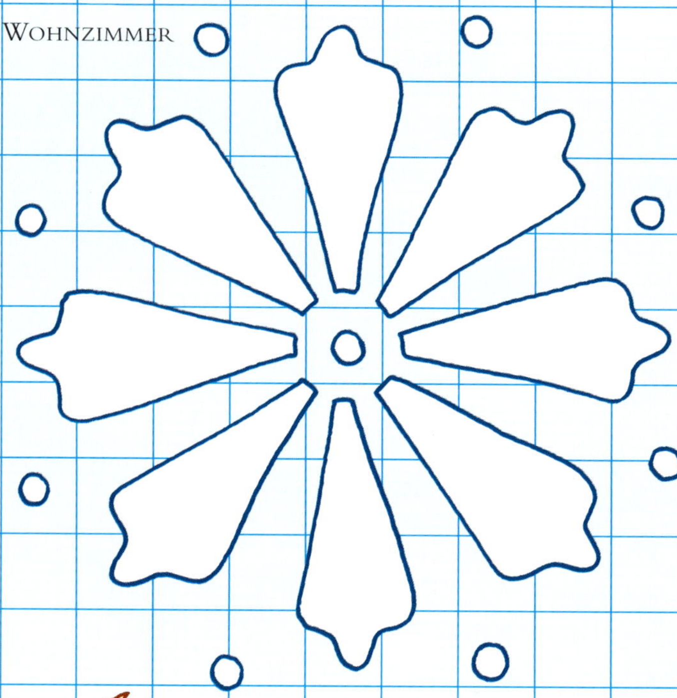

Wand mit Sonnenstern-Motiv

Sonnenrad-Motiv

Schmucke Blumentöpfe

BLUMENSPROSS-MOTIV

MEXIKANISCHE EINGANGSHALLE

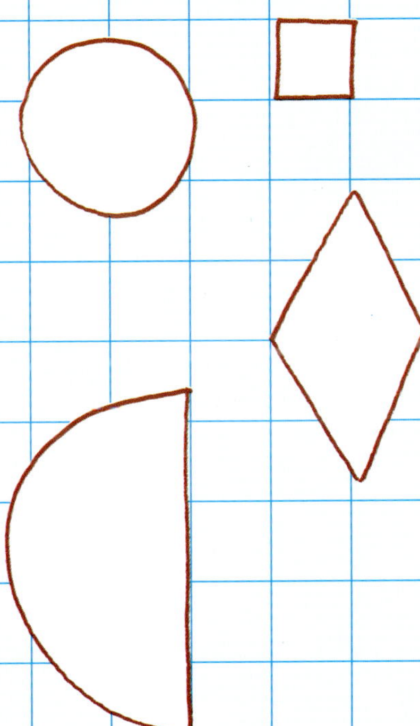

BAUERNSTUHL-MOTIVE

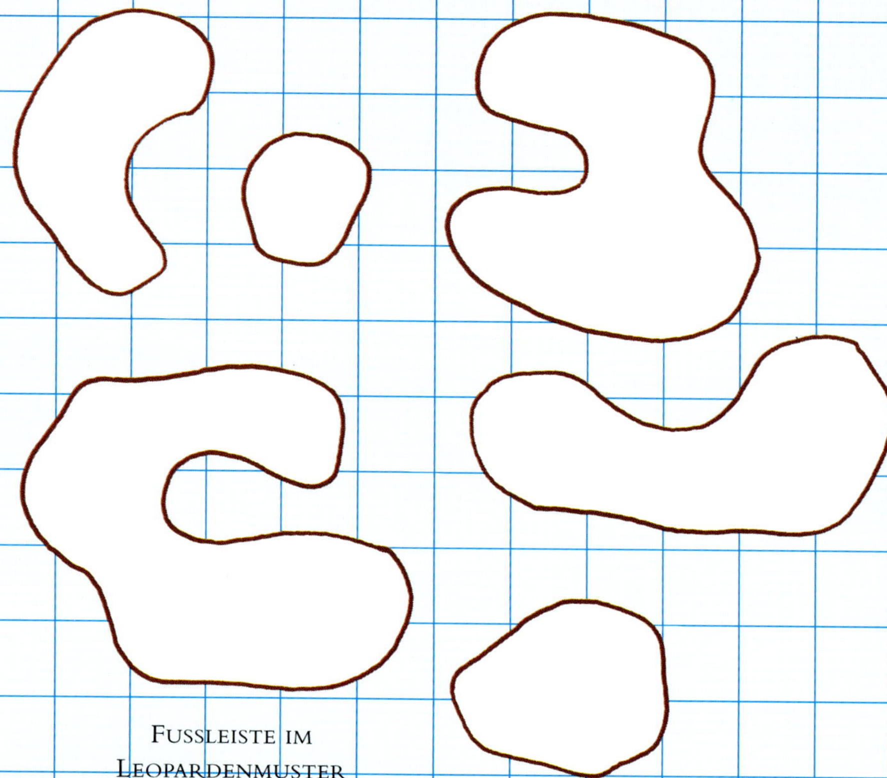

Korkstempel für Fussböden

Fussleiste im Leopardenmuster

Badezimmer

ABLAGE IM LANDHAUSSTIL

STERNENSCHRANK

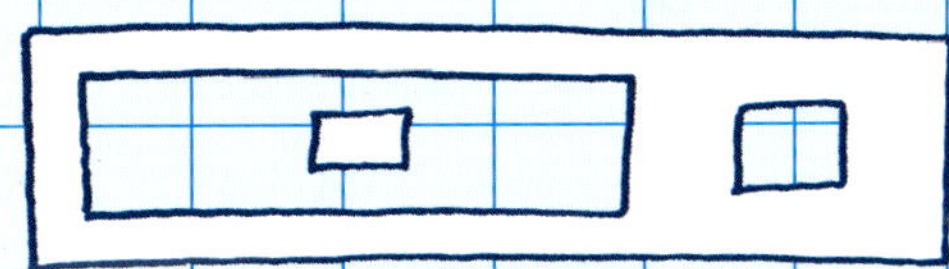

FUSSBANK MIT FISCHMUSTER

VORHANG MIT STERNEN-MUSTER

Kattun-Vorhänge

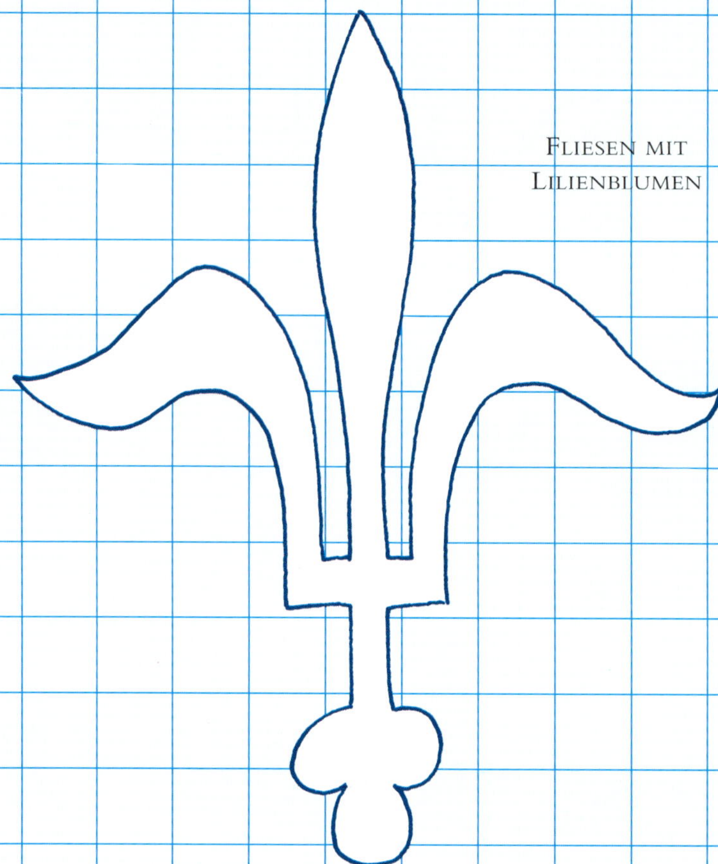

Fliesen mit Lilienblumen

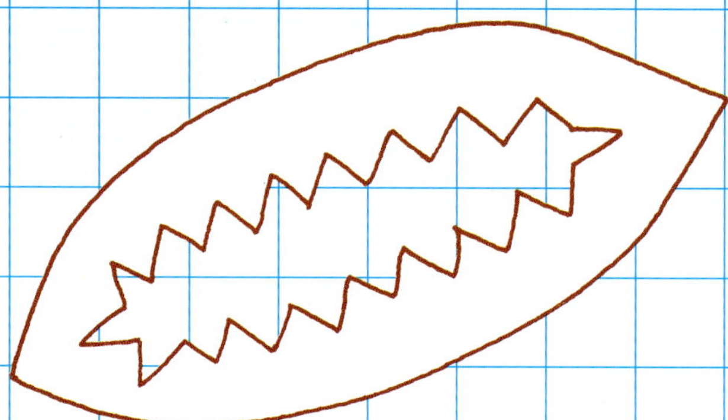

Eleganter Lampenschirm

Teeservice mit Sternen

Privates Briefpapier

Schneeflockenmuster

VOLKSKUNST-
FRIES

GESCHENKSCHACHTEL

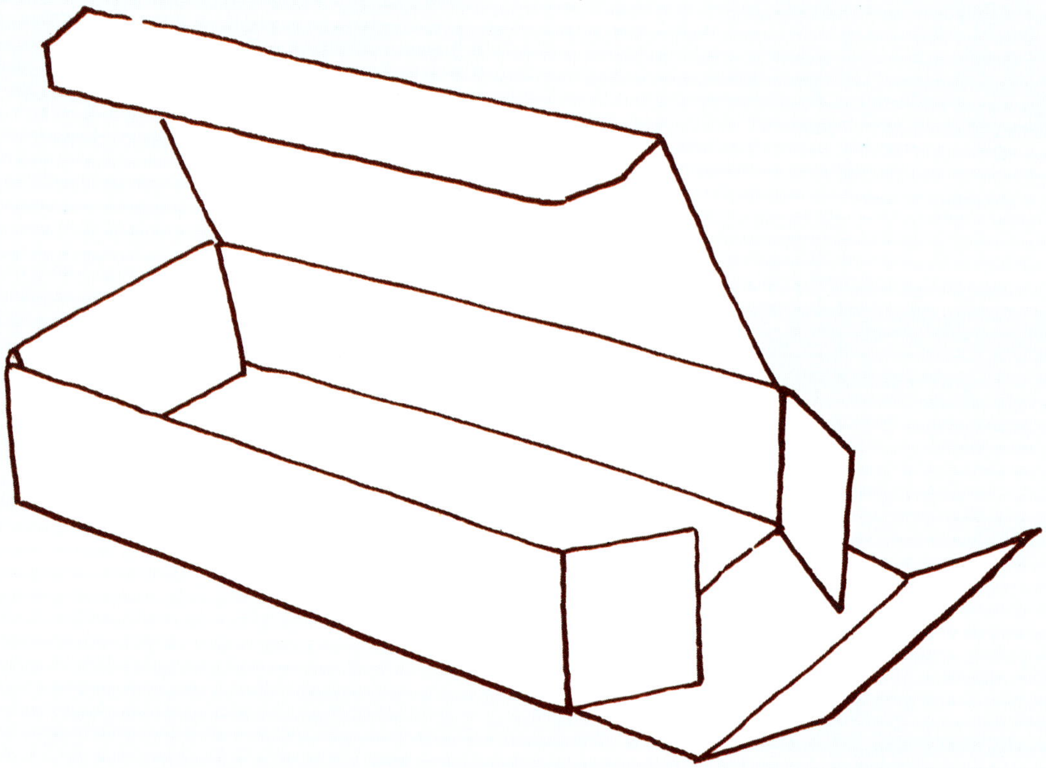

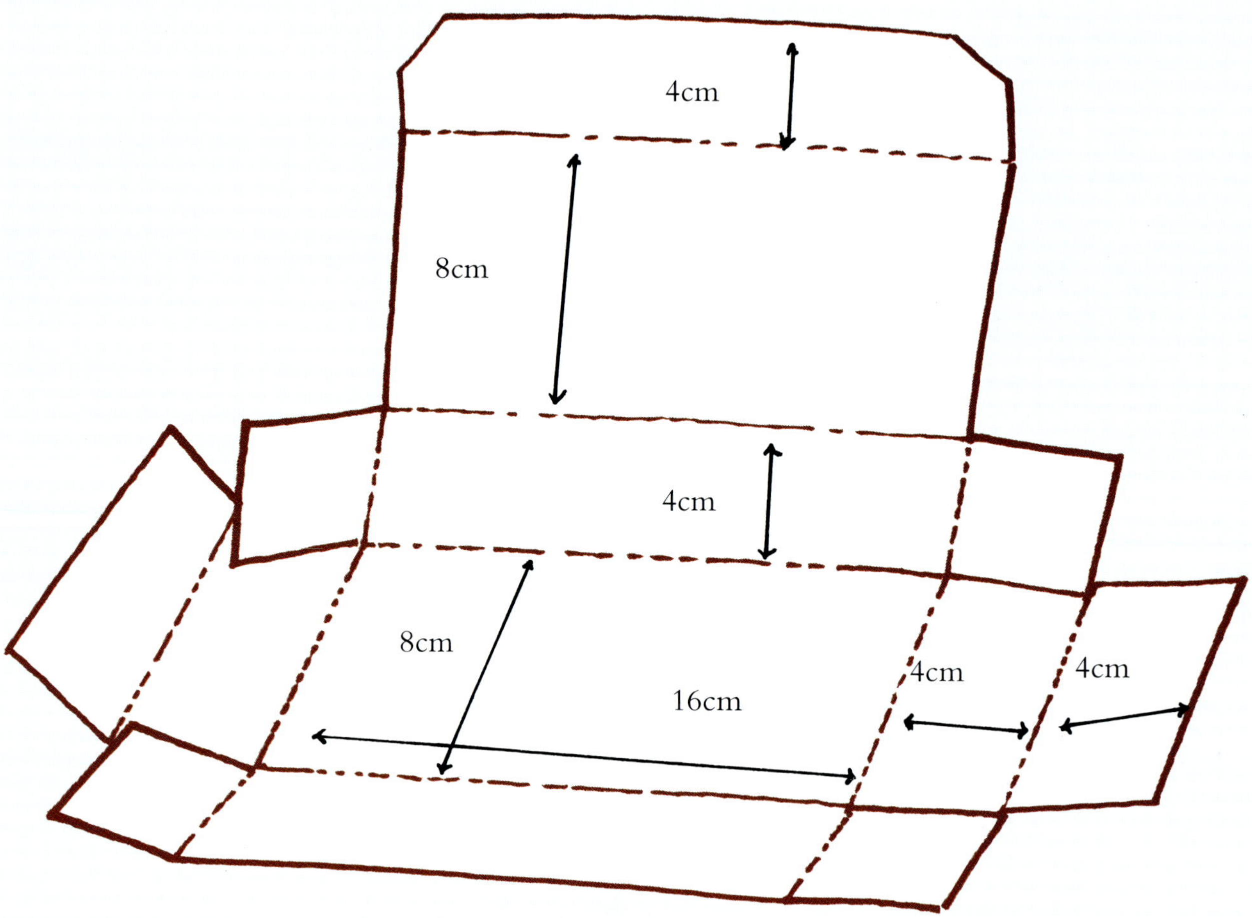

# WEITERFÜHRENDE LITERATUR


Gast Arbo
*Bügelmalfarben-Kurs.* ... auf Papier malen, auf Synthetik-Stoff abbügeln. Hrsg. von Lienhard Kreide (= ALS-Hobby-Kurse, Bd. 605). 1982

Astrid Clasen
*Der Linolschnitt.* Von der Idee zum fertigen Druck. 1989

Gisela Costa/Pia Pedevilla
*Stoffdekor mit Schablonen.* Ideen für die ganze Wohnung. Mit Vorlagen in Originalgröße. 1995

Hans-Peter Diebold
*Linolschnitt im Unterricht* (= ALS-Studio-Reihe, Bd. 741). 1995

Wolfgang Hein/Diana Arseneau
*Stempelspaß.* Phantasievolles Gestalten mit Bilderstempeln. Karten, Briefe, Bilder. 1996

Nicole Helbig/Monika Helbig
*Wohnraum-Dekor mit Schablonen.* Mit Vorlagebogen (= Topp Extra, Bd. 12). 1996

Helga Hoseus
*Schablonieren.* Techniken und Motive für textile Objekte. 1990

Kornelia Milan
*Mit Farben gestalten.* Stoffdruck in Schablonentechnik. Mit Vorlagen in Originalgröße. 1994

Angelika Kipp
*Kinderleichter Schablonenspaß.* Mit Vorlagen in Originalgröße. 1996

Monika Künzel
*Malen und Drucken.* Kombinierte Gestaltungstechniken. Hrsg. von I. Kreide (=ALS-Studio-Reihe, Bd. 721). 1990

Ilse Maierbacher
*Schablonieren.* 140 historische Vorlagen zur individuellen Raumgestaltung (= Callwey Creativ). 1995

Henrike Müller
*Kreative Gestaltung von Wänden, Textilien, Keramik und vielem mehr.* Unter Mitarbeit von Petra Trinkhaus. Mit zum Teil farbigen Illustrationen und 145 Farbfotos sowie zahlreichen Schablonenvorlagen. 1994

Elke Wunderlich
*Kartoffeldruck.* Ravensburger Hobbykurse. 1986

Catherina Ziessler
*Gestalten mit Schablonen.* Motivwahl und Musterwahl, Farben und Untergründe, Schablonieren (= Werken, Freizeit) 1995


# DANKSAGUNG


*Wir danken folgenden Firmen und Einrichtungen für die Überlassungen von Stempeln und Materialien:*

S. 22-23
Stempeln mit Sonnenmotiv, © Terri McEwen für The Stamp Connection.

S. 48-49
Schwämme mit Meeresmotiven: Early Learning Centre.

S. 50-51
Gummistempelrolle mit Karomuster; Rollagraph® by Clearsnap, © Clearsnap Inc.

S. 77-79; 82-89
Stofftinten: Ranger Industries.

S. 90-91
Umdrucktinte: Ranger Industries.

S. 96-105
Acrylsaure Emaillefarben und Keramikfarben: Liquitex Glossies.

S. 147-149
Gummistempel mit Kleinbusmotiv, © Christopher Smith für Blue Cat Toy Company.

Alle anderen Gummistempel, Stempelkissen, Stofftinten und Prägepulver wurden von Blue Cat Toy Company, Gloucestershire, bezogen.

# INDEX

## K



## L



## M

## N



## O



## P



## R



## S